文化建设法律法规学习读本
新闻出版管理法律法规

叶浦芳 主编

加大全民普法力度，建设社会主义法治文化，树立宪法法律至上、法律面前人人平等的法治理念。

——中国共产党第十九次全国代表大会《决胜全面建成小康社会 夺取新时代中国特色社会主义伟大胜利》

汕头大学出版社

图书在版编目（CIP）数据

新闻出版管理法律法规／叶浦芳主编. -- 汕头：汕头大学出版社（2021.7重印）

（文化建设法律法规学习读本）

ISBN 978-7-5658-2940-6

Ⅰ.①新… Ⅱ.①叶… Ⅲ.①新闻工作-行政管理-行政法-中国-学习参考资料 Ⅳ.①D922.164

中国版本图书馆 CIP 数据核字（2018）第 035728 号

新闻出版管理法律法规　XINWEN CHUBAN GUANLI FALÜ FAGUI

主　　编：	叶浦芳
责任编辑：	邹　峰
责任技编：	黄东生
封面设计：	大华文苑
出版发行：	汕头大学出版社
	广东省汕头市大学路243号汕头大学校园内　邮政编码：515063
电　　话：	0754-82904613
印　　刷：	三河市南阳印刷有限公司
开　　本：	690mm×960mm 1/16
印　　张：	18
字　　数：	226千字
版　　次：	2018年5月第1版
印　　次：	2021年7月第2次印刷
定　　价：	59.60元（全2册）

ISBN 978-7-5658-2940-6

版权所有，翻版必究

如发现印装质量问题，请与承印厂联系退换

前 言

习近平总书记指出："推进全民守法，必须着力增强全民法治观念。要坚持把全民普法和守法作为依法治国的长期基础性工作，采取有力措施加强法制宣传教育。要坚持法治教育从娃娃抓起，把法治教育纳入国民教育体系和精神文明创建内容，由易到难、循序渐进不断增强青少年的规则意识。要健全公民和组织守法信用记录，完善守法诚信褒奖机制和违法失信行为惩戒机制，形成守法光荣、违法可耻的社会氛围，使遵法守法成为全体人民共同追求和自觉行动。"

中共中央、国务院曾经转发了中央宣传部、司法部关于在公民中开展法治宣传教育的规划，并发出通知，要求各地区各部门结合实际认真贯彻执行。通知指出，全民普法和守法是依法治国的长期基础性工作。深入开展法治宣传教育，是全面建成小康社会和新农村的重要保障。

普法规划指出：各地区各部门要根据实际需要，从不同群体的特点出发，因地制宜开展有特色的法治宣传教育坚持集中法治宣传教育与经常性法治宣传教育相结合，深化法律进机关、进乡村、进社区、进学校、进企业、进单位的"法律六进"主题活动，完善工作标准，建立长效机制。

特别是农业、农村和农民问题，始终是关系党和人民事业发展的全局性和根本性问题。党中央、国务院发布的《关于推进社会主义新农村建设的若干意见》中明确提出要"加强农村法制建设，深入开展农村普法教育，增强农民的法制观念，提高农民依法行使权利和履行义务的自觉性。"多年普法实践证明，普及法律知识，提高法制观念,增强全社会依法办事意识具有重要作用。特别是在广大农村进行普法教育,是提高全民法律素质的需要。

多年来,我国在农村实行的改革开放取得了极大成功,农村发生了翻天覆地的变化,广大农民生活水平大大得到了提高。但是,由于历史和社会等原因,现阶段我国一些地区农民文化素质还不高,不学法、不懂法、不守法现象虽然较原来有所改变,但仍有相当一部分群众的法制观念仍很淡化,不懂、不愿借助法律来保护自身权益,这就极易受到不法的侵害,或极易进行违法犯罪活动,严重阻碍了全面建成小康社会和新农村步伐。

为此,根据党和政府的指示精神以及普法规划,特别是根据广大农村农民的现状,在有关部门和专家的指导下,特别编辑了这套《全国普法学习读本》。主要包括了广大人民群众应知应懂、实际实用的法律法规。为了辅导学习,附录还收入了相应法律法规的条例准则、实施细则、解读解答、案例分析等;同时为了突出法律法规的实际实用特点,兼顾地方性和特殊性,附录还收入了部分某些地方性法律法规以及非法律法规的政策文件、管理制度、应用表格等内容,拓展了本书的知识范围,使法律法规更"接地气",便于读者学习掌握和实际应用。

在众多法律法规中,我们通过甄别,淘汰了废止的,精选了最新的、权威的和全面的。但有部分法律法规有些条款不适应当下情况了,却没有颁布新的,我们又不能擅自改动,只得保留原有条款,但附录却有相应的补充修改意见或通知等。众多法律法规根据不同内容和受众特点,经过归类组合,优化配套。整套普法读本非常全面系统,具有很强的学习性、实用性和指导性,非常适合用于广大农村和城乡普法学习教育与实践指导。总之,是全国全民普法的良好读本。

目 录

出版管理条例

第一章　总　则…………………………………………………（2）
第二章　出版单位的设立与管理…………………………………（3）
第三章　出版物的出版……………………………………………（7）
第四章　出版物的印刷或者复制和发行…………………………（9）
第五章　出版物的进口……………………………………………（11）
第六章　监督与管理………………………………………………（13）
第七章　保障与奖励………………………………………………（14）
第八章　法律责任…………………………………………………（15）
第九章　附　则……………………………………………………（19）

附　录

　　关于推动新闻出版业数字化转型升级的指导意见…………（20）
　　关于推动传统出版和新兴出版融合发展的指导意见………（26）
　　国家新闻出版广电总局关于规范报刊单位及其所办
　　　新媒体采编管理的通知…………………………………（32）
　　关于在出版行业深入开展马克思主义新闻出版观
　　　培训的意见………………………………………………（35）
　　关于规范学术期刊出版秩序促进学术期刊健康发展的通知…（39）
　　关于严厉禁止和坚决查处中小学教辅材料出版发行
　　　违法违规行为的通知……………………………………（44）

出版物市场管理规定

第一章　总　则 …………………………………………（47）
第二章　申请从事出版物发行业务 ……………………（49）
第三章　出版物发行活动管理 …………………………（55）
第四章　法律责任 ………………………………………（60）
第五章　附　则 …………………………………………（63）

网络出版服务管理规定

第一章　总　则 …………………………………………（64）
第二章　网络出版服务许可 ……………………………（66）
第三章　网络出版服务管理 ……………………………（70）
第四章　监督管理 ………………………………………（72）
第五章　保障与奖励 ……………………………………（75）
第六章　法律责任 ………………………………………（76）
第七章　附　则 …………………………………………（79）

新闻出版保密规定

第一章　总　则 …………………………………………（80）
第二章　保密制度 ………………………………………（80）
第三章　泄密的查处 ……………………………………（82）
第四章　附　则 …………………………………………（83）
附　录
　　关于禁止有偿新闻的若干规定 ……………………（84）

报纸出版管理规定

第一章　总　则 …………………………………………（87）

| 目　录 |

第二章　报纸创办与报纸出版单位设立 …………………（89）
第三章　报纸的出版 ………………………………………（92）
第四章　监督管理 …………………………………………（96）
第五章　法律责任 …………………………………………（99）
第六章　附　则 ……………………………………………（102）
附　录
　　报纸期刊审读暂行办法 ………………………………（103）
　　报刊刊载虚假、失实报道处理办法 …………………（108）

印刷业管理条例

第一章　总　则 ……………………………………………（110）
第二章　印刷企业的设立 …………………………………（112）
第三章　出版物的印刷 ……………………………………（114）
第四章　包装装潢印刷品的印刷 …………………………（115）
第五章　其他印刷品的印刷 ………………………………（116）
第六章　罚　则 ……………………………………………（118）
第七章　附　则 ……………………………………………（123）
附　录
　　数字印刷管理办法 ……………………………………（124）
　　内部资料性出版物管理办法 …………………………（130）

— 3 —

出版管理条例

中华人民共和国国务院令

第 666 号

《国务院关于修改部分行政法规的决定》已经 2016 年 1 月 13 日国务院第 119 次常务会议通过,现予公布,自公布之日起施行。

总理　李克强

2016 年 2 月 6 日

(2001 年 12 月 25 日中华人民共和国国务院令第 343 号公布;根据 2011 年 3 月 19 日《国务院关于修改〈出版管理条例〉的决定》第一次修订;根据 2013 年 7 月 18 日《国务院关于废止和修改部分行政法规的决定》第二次修订;根据 2014 年 7 月 29 日《国务院关于修改部分行政法规的决定》第三次修订;根据 2016 年 2 月 6 日《国务院关于修改部分行政法规的决定》第四次修订)

第一章 总 则

第一条 为了加强对出版活动的管理,发展和繁荣有中国特色社会主义出版产业和出版事业,保障公民依法行使出版自由的权利,促进社会主义精神文明和物质文明建设,根据宪法,制定本条例。

第二条 在中华人民共和国境内从事出版活动,适用本条例。

本条例所称出版活动,包括出版物的出版、印刷或者复制、进口、发行。

本条例所称出版物,是指报纸、期刊、图书、音像制品、电子出版物等。

第三条 出版活动必须坚持为人民服务、为社会主义服务的方向,坚持以马克思列宁主义、毛泽东思想、邓小平理论和"三个代表"重要思想为指导,贯彻落实科学发展观,传播和积累有益于提高民族素质、有益于经济发展和社会进步的科学技术和文化知识,弘扬民族优秀文化,促进国际文化交流,丰富和提高人民的精神生活。

第四条 从事出版活动,应当将社会效益放在首位,实现社会效益与经济效益相结合。

第五条 公民依法行使出版自由的权利,各级人民政府应当予以保障。

公民在行使出版自由的权利的时候,必须遵守宪法和法律,不得反对宪法确定的基本原则,不得损害国家的、社会的、集体的利益和其他公民的合法的自由和权利。

第六条 国务院出版行政主管部门负责全国的出版活动的监督管理工作。国务院其他有关部门按照国务院规定的职责分工,负责有关的出版活动的监督管理工作。

县级以上地方各级人民政府负责出版管理的部门(以下简称出版行政主管部门)负责本行政区域内出版活动的监督管理工作。县级以上地方各级人民政府其他有关部门在各自的职责范围内,负责有关的出版活动的监督管理工作。

第七条 出版行政主管部门根据已经取得的违法嫌疑证据或者举报,对涉嫌违法从事出版物出版、印刷或者复制、进口、发行等活动的行为进行查处时,可以检查与涉嫌违法活动有关的物品和经营场所;对有证据证明是与违法活动有关的物品,可以查封或者扣押。

第八条 出版行业的社会团体按照其章程,在出版行政主管部门的指导下,实行自律管理。

第二章 出版单位的设立与管理

第九条 报纸、期刊、图书、音像制品和电子出版物等应当由出版单位出版。

本条例所称出版单位,包括报社、期刊社、图书出版社、音像出版社和电子出版物出版社等。

法人出版报纸、期刊,不设立报社、期刊社的,其设立的报纸编辑部、期刊编辑部视为出版单位。

第十条 国务院出版行政主管部门制定全国出版单位总量、结构、布局的规划;指导、协调出版产业和出版事业发展。

第十一条 设立出版单位,应当具备下列条件:

（一）有出版单位的名称、章程；

（二）有符合国务院出版行政主管部门认定的主办单位及其主管机关；

（三）有确定的业务范围；

（四）有 30 万元以上的注册资本和固定的工作场所；

（五）有适应业务范围需要的组织机构和符合国家规定的资格条件的编辑出版专业人员；

（六）法律、行政法规规定的其他条件。

审批设立出版单位，除依照前款所列条件外，还应当符合国家关于出版单位总量、结构、布局的规划。

第十二条 设立出版单位，由其主办单位向所在地省、自治区、直辖市人民政府出版行政主管部门提出申请；省、自治区、直辖市人民政府出版行政主管部门审核同意后，报国务院出版行政主管部门审批。设立的出版单位为事业单位的，还应当办理机构编制审批手续。

第十三条 设立出版单位的申请书应当载明下列事项：

（一）出版单位的名称、地址；

（二）出版单位的主办单位及其主管机关的名称、地址；

（三）出版单位的法定代表人或者主要负责人的姓名、住址、资格证明文件；

（四）出版单位的资金来源及数额。

设立报社、期刊社或者报纸编辑部、期刊编辑部的，申请书还应当载明报纸或者期刊的名称、刊期、开版或者开本、印刷场所。

申请书应当附具出版单位的章程和设立出版单位的主办单位及其主管机关的有关证明材料。

第十四条 国务院出版行政主管部门应当自受理设立出版单位

的申请之日起60日内,作出批准或者不批准的决定,并由省、自治区、直辖市人民政府出版行政主管部门书面通知主办单位;不批准的,应当说明理由。

第十五条 设立出版单位的主办单位应当自收到批准决定之日起60日内,向所在地省、自治区、直辖市人民政府出版行政主管部门登记,领取出版许可证。登记事项由国务院出版行政主管部门规定。

出版单位领取出版许可证后,属于事业单位法人的,持出版许可证向事业单位登记管理机关登记,依法领取事业单位法人证书;属于企业法人的,持出版许可证向工商行政管理部门登记,依法领取营业执照。

第十六条 报社、期刊社、图书出版社、音像出版社和电子出版物出版社等应当具备法人条件,经核准登记后,取得法人资格,以其全部法人财产独立承担民事责任。

依照本条例第九条第三款的规定,视为出版单位的报纸编辑部、期刊编辑部不具有法人资格,其民事责任由其主办单位承担。

第十七条 出版单位变更名称、主办单位或者其主管机关、业务范围、资本结构,合并或者分立,设立分支机构,出版新的报纸、期刊,或者报纸、期刊变更名称的,应当依照本条例第十二条、第十三条的规定办理审批手续。出版单位属于事业单位法人的,还应当持批准文件到事业单位登记管理机关办理相应的登记手续;属于企业法人的,还应当持批准文件到工商行政管理部门办理相应的登记手续。

出版单位除前款所列变更事项外的其他事项的变更,应当经主办单位及其主管机关审查同意,向所在地省、自治区、直辖市人民政府出版行政主管部门申请变更登记,并报国务院出版行政主管部门备案。出版单位属于事业单位法人的，还应当持批准文件到事业单位登记管理机关办理变更登记；属于企业法人的，还应当持批准文件到工商行政管理部门办理变更登记。

第十八条　出版单位中止出版活动的，应当向所在地省、自治区、直辖市人民政府出版行政主管部门备案并说明理由和期限；出版单位中止出版活动不得超过180日。

出版单位终止出版活动的，由主办单位提出申请并经主管机关同意后，由主办单位向所在地省、自治区、直辖市人民政府出版行政主管部门办理注销登记，并报国务院出版行政主管部门备案。出版单位属于事业单位法人的，还应当持批准文件到事业单位登记管理机关办理注销登记；属于企业法人的，还应当持批准文件到工商行政管理部门办理注销登记。

第十九条　图书出版社、音像出版社和电子出版物出版社自登记之日起满180日未从事出版活动的，报社、期刊社自登记之日起满90日未出版报纸、期刊的，由原登记的出版行政主管部门注销登记，并报国务院出版行政主管部门备案。

因不可抗力或者其他正当理由发生前款所列情形的，出版单位可以向原登记的出版行政主管部门申请延期。

第二十条　图书出版社、音像出版社和电子出版物出版社的年度出版计划及涉及国家安全、社会安定等方面的重大选题，应当经所在地省、自治区、直辖市人民政府出版行政主管部门审核后报国务院出版行政主管部门备案；涉及重大选题，未在出版前报备案的出版物，不得出版。具体办法由国务院出版行政主管部门制定。

期刊社的重大选题，应当依照前款规定办理备案手续。

第二十一条　出版单位不得向任何单位或者个人出售或者以其他形式转让本单位的名称、书号、刊号或者版号、版面，并不得出租本单位的名称、刊号。

出版单位及其从业人员不得利用出版活动谋取其他不正当利益。

第二十二条 出版单位应当按照国家有关规定向国家图书馆、中国版本图书馆和国务院出版行政主管部门免费送交样本。

第三章 出版物的出版

第二十三条 公民可以依照本条例规定，在出版物上自由表达自己对国家事务、经济和文化事业、社会事务的见解和意愿，自由发表自己从事科学研究、文学艺术创作和其他文化活动的成果。

合法出版物受法律保护，任何组织和个人不得非法干扰、阻止、破坏出版物的出版。

第二十四条 出版单位实行编辑责任制度，保障出版物刊载的内容符合本条例的规定。

第二十五条 任何出版物不得含有下列内容：

（一）反对宪法确定的基本原则的；

（二）危害国家统一、主权和领土完整的；

（三）泄露国家秘密、危害国家安全或者损害国家荣誉和利益的；

（四）煽动民族仇恨、民族歧视，破坏民族团结，或者侵害民族风俗、习惯的；

（五）宣扬邪教、迷信的；

（六）扰乱社会秩序，破坏社会稳定的；

（七）宣扬淫秽、赌博、暴力或者教唆犯罪的；

（八）侮辱或者诽谤他人，侵害他人合法权益的；

（九）危害社会公德或者民族优秀文化传统的；

（十）有法律、行政法规和国家规定禁止的其他内容的。

第二十六条 以未成年人为对象的出版物不得含有诱发未成年人模仿违反社会公德的行为和违法犯罪的行为的内容，不得含有恐怖、残酷等妨害未成年人身心健康的内容。

第二十七条 出版物的内容不真实或者不公正，致使公民、法人或者其他组织的合法权益受到侵害的，其出版单位应当公开更正，消除影响，并依法承担其他民事责任。

报纸、期刊发表的作品内容不真实或者不公正，致使公民、法人或者其他组织的合法权益受到侵害的，当事人有权要求有关出版单位更正或者答辩，有关出版单位应当在其近期出版的报纸、期刊上予以发表；拒绝发表的，当事人可以向人民法院提起诉讼。

第二十八条 出版物必须按照国家的有关规定载明作者、出版者、印刷者或者复制者、发行者的名称、地址、书号、刊号或者版号，在版编目数据，出版日期、刊期以及其他有关事项。

出版物的规格、开本、版式、装帧、校对等必须符合国家标准和规范要求，保证出版物的质量。

出版物使用语言文字必须符合国家法律规定和有关标准、规范。

第二十九条 任何单位和个人不得伪造、假冒出版单位名称或者报纸、期刊名称出版出版物。

第三十条 中学小学教科书由国务院教育行政主管部门审定；其出版、发行单位应当具有适应教科书出版、发行业务需要的资金、组织机构和人员等条件，并取得国务院出版行政主管部门批准的教科书出版、发行资质。纳入政府采购范围的中学小学教科书，其发行单位按照《中华人民共和国政府采购法》的有关规定确定。

其他任何单位或者个人不得从事中学小学教科书的出版、发行业务。

第四章 出版物的印刷或者复制和发行

　　第三十一条 从事出版物印刷或者复制业务的单位，应当向所在地省、自治区、直辖市人民政府出版行政主管部门提出申请，经审核许可，并依照国家有关规定到工商行政管理部门办理相关手续后，方可从事出版物的印刷或者复制。

　　未经许可并办理相关手续的，不得印刷报纸、期刊、图书，不得复制音像制品、电子出版物。

　　第三十二条 出版单位不得委托未取得出版物印刷或者复制许可的单位印刷或者复制出版物。

　　出版单位委托印刷或者复制单位印刷或者复制出版物的，必须提供符合国家规定的印刷或者复制出版物的有关证明，并依法与印刷或者复制单位签订合同。

　　印刷或者复制单位不得接受非出版单位和个人的委托印刷报纸、期刊、图书或者复制音像制品、电子出版物，不得擅自印刷、发行报纸、期刊、图书或者复制、发行音像制品、电子出版物。

　　第三十三条 印刷或者复制单位经所在地省、自治区、直辖市人民政府出版行政主管部门批准，可以承接境外出版物的印刷或者复制业务；但是，印刷或者复制的境外出版物必须全部运输出境，不得在境内发行。

　　境外委托印刷或者复制的出版物的内容，应当经省、自治区、直辖市人民政府出版行政主管部门审核。委托人应当持有著作权人授权书，并向著作权行政管理部门登记。

第三十四条 印刷或者复制单位应当自完成出版物的印刷或者复制之日起2年内，留存一份承接的出版物样本备查。

第三十五条 单位从事出版物批发业务的，须经省、自治区、直辖市人民政府出版行政主管部门审核许可，取得《出版物经营许可证》。

单位和个体工商户从事出版物零售业务的，须经县级人民政府出版行政主管部门审核许可，取得《出版物经营许可证》。

第三十六条 通过互联网等信息网络从事出版物发行业务的单位或者个体工商户，应当依照本条例规定取得《出版物经营许可证》。

提供网络交易平台服务的经营者应当对申请通过网络交易平台从事出版物发行业务的单位或者个体工商户的经营主体身份进行审查，验证其《出版物经营许可证》。

第三十七条 从事出版物发行业务的单位和个体工商户变更《出版物经营许可证》登记事项，或者兼并、合并、分立的，应当依照本条例第三十五条的规定办理审批手续。

从事出版物发行业务的单位和个体工商户终止经营活动的，应当向原批准的出版行政主管部门备案。

第三十八条 出版单位可以发行本出版单位出版的出版物，不得发行其他出版单位出版的出版物。

第三十九条 国家允许设立从事图书、报纸、期刊、电子出版物发行业务的中外合资经营企业、中外合作经营企业、外资企业。

第四十条 印刷或者复制单位、发行单位或者个体工商户不得印刷或者复制、发行有下列情形之一的出版物：

（一）含有本条例第二十五条、第二十六条禁止内容的；

（二）非法进口的；

（三）伪造、假冒出版单位名称或者报纸、期刊名称的；

（四）未署出版单位名称的；

（五）中学小学教科书未经依法审定的；

（六）侵犯他人著作权的。

第五章　出版物的进口

第四十一条　出版物进口业务，由依照本条例设立的出版物进口经营单位经营；其他单位和个人不得从事出版物进口业务。

第四十二条　设立出版物进口经营单位，应当具备下列条件：

（一）有出版物进口经营单位的名称、章程；

（二）有符合国务院出版行政主管部门认定的主办单位及其主管机关；

（三）有确定的业务范围；

（四）具有进口出版物内容审查能力；

（五）有与出版物进口业务相适应的资金；

（六）有固定的经营场所；

（七）法律、行政法规和国家规定的其他条件。

第四十三条　设立出版物进口经营单位，应当向国务院出版行政主管部门提出申请，经审查批准，取得国务院出版行政主管部门核发的出版物进口经营许可证后，持证到工商行政管理部门依法领取营业执照。

设立出版物进口经营单位，还应当依照对外贸易法律、行政法规的规定办理相应手续。

第四十四条　出版物进口经营单位变更名称、业务范围、资本结构、主办单位或者其主管机关，合并或者分立，设立分支机构，应当依照本条例第四十二条、第四十三条的规定办理审批手续，并持批准文件到工商行政管理部门办理相应的登记手续。

第四十五条 出版物进口经营单位进口的出版物,不得含有本条例第二十五条、第二十六条禁止的内容。

出版物进口经营单位负责对其进口的出版物进行内容审查。省级以上人民政府出版行政主管部门可以对出版物进口经营单位进口的出版物直接进行内容审查。出版物进口经营单位无法判断其进口的出版物是否含有本条例第二十五条、第二十六条禁止内容的,可以请求省级以上人民政府出版行政主管部门进行内容审查。省级以上人民政府出版行政主管部门应出版物进口经营单位的请求,对其进口的出版物进行内容审查的,可以按照国务院价格主管部门批准的标准收取费用。

国务院出版行政主管部门可以禁止特定出版物的进口。

第四十六条 出版物进口经营单位应当在进口出版物前将拟进口的出版物目录报省级以上人民政府出版行政主管部门备案;省级以上人民政府出版行政主管部门发现有禁止进口的或者暂缓进口的出版物的,应当及时通知出版物进口经营单位并通报海关。对通报禁止进口或者暂缓进口的出版物,出版物进口经营单位不得进口,海关不得放行。

出版物进口备案的具体办法由国务院出版行政主管部门制定。

第四十七条 发行进口出版物的,必须从依法设立的出版物进口经营单位进货。

第四十八条 出版物进口经营单位在境内举办境外出版物展览,必须报经国务院出版行政主管部门批准。未经批准,任何单位和个人不得举办境外出版物展览。

依照前款规定展览的境外出版物需要销售的,应当按照国家有关规定办理相关手续。

第六章 监督与管理

第四十九条 出版行政主管部门应当加强对本行政区域内出版单位出版活动的日常监督管理；出版单位的主办单位及其主管机关对所属出版单位出版活动负有直接管理责任，并应当配合出版行政主管部门督促所属出版单位执行各项管理规定。

出版单位和出版物进口经营单位应当按照国务院出版行政主管部门的规定，将从事出版活动和出版物进口活动的情况向出版行政主管部门提出书面报告。

第五十条 出版行政主管部门履行下列职责：

（一）对出版物的出版、印刷、复制、发行、进口单位进行行业监管，实施准入和退出管理；

（二）对出版活动进行监管，对违反本条例的行为进行查处；

（三）对出版物内容和质量进行监管；

（四）根据国家有关规定对出版从业人员进行管理。

第五十一条 出版行政主管部门根据有关规定和标准，对出版物的内容、编校、印刷或者复制、装帧设计等方面质量实施监督检查。

第五十二条 国务院出版行政主管部门制定出版单位综合评估办法，对出版单位分类实施综合评估。

出版物的出版、印刷或者复制、发行和进口经营单位不再具备行政许可的法定条件的，由出版行政主管部门责令限期改正；逾期仍未改正的，由原发证机关撤销行政许可。

第五十三条 国家对在出版单位从事出版专业技术工作的人员实行职业资格制度；出版专业技术人员通过国家专业技术人员资格

考试取得专业技术资格。具体办法由国务院人力资源社会保障主管部门、国务院出版行政主管部门共同制定。

第七章 保障与奖励

第五十四条 国家制定有关政策，保障、促进出版产业和出版事业的发展与繁荣。

第五十五条 国家支持、鼓励下列优秀的、重点的出版物的出版：

（一）对阐述、传播宪法确定的基本原则有重大作用的；

（二）对弘扬社会主义核心价值体系，在人民中进行爱国主义、集体主义、社会主义和民族团结教育以及弘扬社会公德、职业道德、家庭美德有重要意义的；

（三）对弘扬民族优秀文化，促进国际文化交流有重大作用的；

（四）对推进文化创新，及时反映国内外新的科学文化成果有重大贡献的；

（五）对服务农业、农村和农民，促进公共文化服务有重大作用的；

（六）其他具有重要思想价值、科学价值或者文化艺术价值的。

第五十六条 国家对教科书的出版发行，予以保障。

国家扶持少数民族语言文字出版物和盲文出版物的出版发行。

国家对在少数民族地区、边疆地区、经济不发达地区和在农村发行出版物，实行优惠政策。

第五十七条 报纸、期刊交由邮政企业发行的，邮政企业应当保证按照合同约定及时、准确发行。

承运出版物的运输企业，应当对出版物的运输提供方便。

第五十八条 对为发展、繁荣出版产业和出版事业作出重要贡献的单位和个人，按照国家有关规定给予奖励。

第五十九条 对非法干扰、阻止和破坏出版物出版、印刷或者复制、进口、发行的行为，县级以上各级人民政府出版行政主管部门及其他有关部门，应当及时采取措施，予以制止。

第八章　法律责任

第六十条 出版行政主管部门或者其他有关部门的工作人员，利用职务上的便利收受他人财物或者其他好处，批准不符合法定条件的申请人取得许可证、批准文件，或者不履行监督职责，或者发现违法行为不予查处，造成严重后果的，依法给予降级直至开除的处分；构成犯罪的，依照刑法关于受贿罪、滥用职权罪、玩忽职守罪或者其他罪的规定，依法追究刑事责任。

第六十一条 未经批准，擅自设立出版物的出版、印刷或者复制、进口单位，或者擅自从事出版物的出版、印刷或者复制、进口、发行业务，假冒出版单位名称或者伪造、假冒报纸、期刊名称出版出版物的，由出版行政主管部门、工商行政管理部门依照法定职权予以取缔；依照刑法关于非法经营罪的规定，依法追究刑事责任；尚不够刑事处罚的，没收出版物、违法所得和从事违法活动的专用工具、设备，违法经营额1万元以上的，并处违法经营额5倍以上10倍以下的罚款，违法经营额不足1万元的，可以处5万元以下的罚款；侵犯他人合法权益的，依法承担民事责任。

第六十二条 有下列行为之一，触犯刑律的，依照刑法有关规定，依法追究刑事责任；尚不够刑事处罚的，由出版行政主管部门责令限期停业整顿，没收出版物、违法所得，违法经营额1万元以上的,并处违法经营额 5 倍以上 10 倍以下的罚款;违法经营额不足 1 万元的,可以处 5 万元以下的罚款;情节严重的,由原发证机关吊销许可证:

(一)出版、进口含有本条例第二十五条、第二十六条禁止内容的出版物的;

(二)明知或者应知出版物含有本条例第二十五条、第二十六条禁止内容而印刷或者复制、发行的;

(三)明知或者应知他人出版含有本条例第二十五条、第二十六条禁止内容的出版物而向其出售或者以其他形式转让本出版单位的名称、书号、刊号、版号、版面,或者出租本单位的名称、刊号的。

第六十三条 有下列行为之一的,由出版行政主管部门责令停止违法行为,没收出版物、违法所得,违法经营额 1 万元以上的,并处违法经营额 5 倍以上 10 倍以下的罚款;违法经营额不足 1 万元的,可以处 5 万元以下的罚款;情节严重的,责令限期停业整顿或者由原发证机关吊销许可证:

(一)进口、印刷或者复制、发行国务院出版行政主管部门禁止进口的出版物的;

(二)印刷或者复制走私的境外出版物的;

(三)发行进口出版物未从本条例规定的出版物进口经营单位进货的。

第六十四条 走私出版物的,依照刑法关于走私罪的规定,依法追究刑事责任;尚不够刑事处罚的,由海关依照海关法的规定给予行政处罚。

第六十五条 有下列行为之一的,由出版行政主管部门没收出版物、违法所得,违法经营额 1 万元以上的,并处违法经营额 5 倍以上 10 倍以下的罚款；违法经营额不足 1 万元的，可以处 5 万元以下的罚款；情节严重的，责令限期停业整顿或者由原发证机关吊销许可证：

（一）出版单位委托未取得出版物印刷或者复制许可的单位印刷或者复制出版物的；

（二）印刷或者复制单位未取得印刷或者复制许可而印刷或者复制出版物的；

（三）印刷或者复制单位接受非出版单位和个人的委托印刷或者复制出版物的；

（四）印刷或者复制单位未履行法定手续印刷或者复制境外出版物的，印刷或者复制的境外出版物没有全部运输出境的；

（五）印刷或者复制单位、发行单位或者个体工商户印刷或者复制、发行未署出版单位名称的出版物的；

（六）印刷或者复制单位、发行单位或者个体工商户印刷或者复制、发行伪造、假冒出版单位名称或者报纸、期刊名称的出版物的；

（七）出版、印刷、发行单位出版、印刷、发行未经依法审定的中学小学教科书，或者非依照本条例规定确定的单位从事中学小学教科书的出版、发行业务的。

第六十六条 出版单位有下列行为之一的，由出版行政主管部门责令停止违法行为，给予警告，没收违法经营的出版物、违法所得，违法经营额 1 万元以上的，并处违法经营额 5 倍以上 10 倍以下的罚款；违法经营额不足 1 万元的，可以处 5 万元以下的罚款；情节严重的，责令限期停业整顿或者由原发证机关吊销许可证：

（一）出售或者以其他形式转让本出版单位的名称、书号、刊号、版号、版面，或者出租本单位的名称、刊号的；

（二）利用出版活动谋取其他不正当利益的。

第六十七条 有下列行为之一的，由出版行政主管部门责令改正，给予警告；情节严重的，责令限期停业整顿或者由原发证机关吊销许可证：

（一）出版单位变更名称、主办单位或者其主管机关、业务范围，合并或者分立，出版新的报纸、期刊，或者报纸、期刊改变名称，以及出版单位变更其他事项，未依照本条例的规定到出版行政主管部门办理审批、变更登记手续的；

（二）出版单位未将其年度出版计划和涉及国家安全、社会安定等方面的重大选题备案的；

（三）出版单位未依照本条例的规定送交出版物的样本的；

（四）印刷或者复制单位未依照本条例的规定留存备查的材料的；

（五）出版进口经营单位未将其进口的出版物目录报送备案的；

（六）出版单位擅自中止出版活动超过180日的；

（七）出版物发行单位、出版物进口经营单位未依照本条例的规定办理变更审批手续的；

（八）出版物质量不符合有关规定和标准的。

第六十八条 未经批准，举办境外出版物展览的，由出版行政主管部门责令停止违法行为，没收出版物、违法所得；情节严重的，责令限期停业整顿或者由原发证机关吊销许可证。

第六十九条 印刷或者复制、批发、零售、出租、散发含有本条例第二十五条、第二十六条禁止内容的出版物或者其他非法出版物的，当事人对非法出版物的来源作出说明、指认，经查证属实的，没收出版物、违法所得，可以减轻或者免除其他行政处罚。

第七十条 单位违反本条例被处以吊销许可证行政处罚的，其法定代表人或者主要负责人自许可证被吊销之日起10年内不得担任出版、印刷或者复制、进口、发行单位的法定代表人或者主要负责人。

出版从业人员违反本条例规定，情节严重的，由原发证机关吊销其资格证书。

第七十一条 依照本条例的规定实施罚款的行政处罚，应当依照有关法律、行政法规的规定，实行罚款决定与罚款收缴分离；收缴的罚款必须全部上缴国库。

第九章 附 则

第七十二条 行政法规对音像制品和电子出版物的出版、复制、进口、发行另有规定的，适用其规定。

接受境外机构或者个人赠送出版物的管理办法、订户订购境外出版物的管理办法、网络出版审批和管理办法，由国务院出版行政主管部门根据本条例的原则另行制定。

第七十三条 本条例自2002年2月1日起施行。1997年1月2日国务院发布的《出版管理条例》同时废止。

附 录

关于推动新闻出版业数字化转型升级的指导意见

新广出发〔2014〕52号

各省、自治区、直辖市新闻出版广电局、财政厅（局），各计划单列市新闻出版广电局、财政厅（局），新疆生产建设兵团新闻出版广电局、财务局：

面对数字化与信息化带来的挑战与机遇，传统新闻出版业只有主动开展数字化转型升级，才能实现跨越与发展。开展数字化转型升级是进一步巩固新闻出版业作为文化主阵地主力军地位的客观需要，是抢占未来发展制高点、参与国际竞争的重要途径。经过几年的探索和积累，目前新闻出版业已经具备了实现整体转型升级的思想基础、技术基础、组织基础和工作基础，但还存在资源聚集度不高、行业信息数据体系不健全、技术装备配置水平较低、对新技术与新标准的应用不充分、市场模式不清晰、人才不足等问题。为贯彻党的十八大关于加快文化与科技融合的精神，落实《国家"十二五"时期文化改革发展规划纲要》关于"出版业要推动产业结构调整和升级，加快从主要依赖传统纸介质出版物向多种介质形态出版物的数字出版产业转型"的要求，推动新闻出版业健康快速发展,特制定本意见。

一、总体要求

(一) 指导思想

深入贯彻落实党的十八大、十八届三中全会精神,充分发挥市场机制作用,通过政府引导、以企业为主体,加速新闻出版与科技融合,推动传统新闻出版业转型升级,提高新闻出版业在数字时代的生产力、传播力和影响力,为人民群众的知识学习、信息消费提供服务,为国民经济其他领域的产业发展提供知识支撑,更好更多地提供生活性服务与生产性服务,推动新闻出版业成为文化产业的中坚和骨干,为把文化产业打造成国民经济支柱性产业做出积极贡献。

(二) 主要目标

通过三年时间,支持一批新闻出版企业、实施一批转型升级项目,带动和加快新闻出版业整体转型升级步伐。基本完成优质、有效内容的高度聚合,盘活出版资源;再造数字出版流程、丰富产品表现形式,提升新闻出版企业的技术应用水平;实现行业信息数据共享,构建数字出版产业链,初步建立起一整套数字化内容生产、传播、服务的标准体系和规范;促进新闻出版业建立全新的服务模式,实现经营模式和服务方式的有效转变。

(三) 基本原则

改革先行、扶优助强、鼓励创新、示范推广。优先扶持已完成出版体制改革、具备一定数字化转型升级工作基础的新闻出版企业,鼓励新闻出版企业在数字化转型升级进程中大胆创新,探索新产品形态、新服务方式、新市场模式,形成示范项目并进行推广。

分步启动、并行实施、迭加推进、市场调节。优先支持已经先行启动转型升级项目的企业,对不同支持方向的转型升级项目并行推进，正确处理政府与市场关系，充分发挥财政资金引导示范作用，培养企业市场风险意识，提高企业市场应对能力。

二、主要任务

（一）开展数字化转型升级标准化工作

支持企业对《中国出版物在线信息交换（CNONIX）》国家标准开展应用。重点支持图书出版和发行集团。包括：支持企业研制企业级应用标准；采购基于 CNONIX 标准的数据录入、采集、整理、分析、符合性测试软件工具，开展出版端系统改造与数据规范化采集示范；搭建出版、发行数据交换小型试验系统，实现出版与发行环节的数据交换；开展实体书店、电子商务（网店）、物流各应用角度基于 CNONIX 标准的数据采集、市场分析、对出版端反馈的应用示范。

支持企业对《多媒体印刷读物（MPR）》国家标准开展应用。重点支持教育、少儿、少数民族语言等出版单位，推动企业从单一产品形态向多媒体、复合出版产品形态，从产品提供向内容服务的数字化转型升级。包括：研制企业级应用标准；部署相应软件系统；完成选题策划、资源采集，研发教材教辅产品、少儿、少数民族文字阅读产品；开展底层技术兼容性研究与应用；建设 MPR 出版资源数据库；创新产品销售体系，构建从实体店到电子商务的立体销售体系。

支持企业面向数字化转型升级开展企业标准研制。支持出版企业研制企业标准，以及开展国家标准、行业标准的应用研究；支持、鼓励相关技术企业研制基于自主知识产权技术的企业标准；支持以企业标准为基础申报行业标准、国家标准乃至国际标准。

（二）提升数字化转型升级技术装备水平

支持企业采购用于出版资源深度加工的设备及软件系统。以实现出版资源的知识结构化、信息碎片化、呈现精细化为目标,支持企业采购出版资源专业化的深度加工服务;支持部分专业出版单位采购专用的扫描设备、识别软件等资源录入设备及软件。

支持企业采购用于出版业务流程改造、复合出版产品生产与投送的软件及系统。以数字环境下出版业务流程再造、实现出版业务流程完整性为目标,支持采购出版内容资源数字化加工软件、内容资源管理系统、编辑加工系统、产品发布系统等软件及系统;以实现出版产品表现形式完整性为目标,支持采购关联标识符编码嵌入软件、复合出版物生产和投送系统等软件及系统。

支持企业采购版权资产管理工具与系统。以支撑新闻出版企业版权运营多元化为目标,为全面开展版权运营奠定基础,支持采购版权资产管理工具与系统,包括:自有版权资产与外购版权资产数据输入模块,以控制版权资产的规范化输入;授权管理模块,以控制版权资产的规范化输出;版权管理模块和业务支撑管理模块,以记录版权资产状况、控制版权运营策略;与出版企业其他生产业务流程系统进行对接,以实现对版权资产的精细化管理,对存量版权资产的清查和增量版权资产的管控。

(三)加强数字出版人才队伍建设

支持出版企业与高校、研究机构联合开展基础人才培养,开展定向培养。支持、鼓励高校设立专业课程,联合研究机构,培养面向出版企业数字化转型升级的专业人才,定向输送出版与科技专业知识相融合的基础性人才。

支持相关技术企业与高校、研究机构联合开展数字出版业务高级人才培养。支持、鼓励技术企业提供技术支撑,参与高校、研究机构的高级人才培养计划,开展面向出版企业在岗高级数字出版人才的培养。

（四）探索数字化转型升级新模式

支持教育出版转型升级模式探索。重点支持部分以教育出版为主的出版企业开展电子书包应用服务项目。包括：研制电子书包（数字出版教育应用服务）系列标准；以课程标准和完整的教材教辅内容框架为基础，整合内容资源，开发富媒体、网络化数字教材，开展立体化的教育出版内容资源数字化开发，打造数字资源库，为电子书包试验的顺利推进奠定内容基础；构建对教育出版内容的价值评测、质量评测的完整评测系统；研发包括下载与推送、使用统计等功能的教育出版内容资源服务系统；构建包括教学策略服务、过程性评测、个性化内容推送、内容互动服务等教学应用服务支撑体系，并开展入校落地试验；基于用户数据分析技术开展个性化定向投送平台建设（B2C模式），基于集团化学习的出版资源投送平台建设（B2B模式）。

支持专业出版转型升级模式探索。重点支持部分专业出版企业按服务领域划分、联合开展专业数字内容资源知识服务模式探索。包括：开展知识挖掘、语义分析等知识服务领域关键技术的应用，基于专业内容的知识服务标准研制，基于专业出版内容的知识资源数据库建设，基于知识资源数据库的知识服务平台建设。

支持大众出版转型升级模式探索。重点支持出版企业在关注阅读者需求、引导大众阅读方向的模式创新。包括：建设作者资源管理系统，选题热点推荐与评估系统；开展生产与消费互动的定制化服务模式探索，形成线上与线下互动（O2O）的出版内容投送新模式；建设经典阅读、精品阅读产品投送平台。

三、保障措施

（一）加大财政扶持。加大财政对新闻出版业数字化转型升级的支持力度，将新闻出版业数字化转型升级项目作为重大项目纳入中央文化产业发展专项资金扶持范围,分步实施、逐年推进。发挥财政资金杠杆作用,推动重点企业的转型升级工作,引导企业实施转型升级项目。

(二)充分利用新闻出版改革与发展项目库。进一步完善新闻出版改革与发展项目库建设,征集符合本指导意见并具有较强示范带动效应的新闻出版业数字化转型升级项目,加强对重点项目的组织、管理、协调、支持和服务。

(三)加强组织实施。各级新闻出版广电行政部门、财政部门要按照本意见要求,在党委、政府的领导下,结合本地区实际,切实加强新闻出版业数字化转型升级工作的组织领导,同时加强跨地区、跨部门协作,确保各项任务的执行和落实。

国家新闻出版广电总局 财政部
2014年4月24日

关于推动传统出版和新兴出版融合发展的指导意见

新广发〔2015〕32号

各省、自治区、直辖市新闻出版广电局、财政厅（局），新疆生产建设兵团新闻出版局、财务局，解放军总政治部宣传部新闻出版局：

推动传统出版和新兴出版融合发展，把传统出版的影响力向网络空间延伸，是出版业巩固壮大宣传思想文化阵地的迫切需要，是履行文化职责的迫切需要，是自身生存发展的迫切需要。根据中共中央办公厅、国务院办公厅印发的《关于推动传统媒体和新兴媒体融合发展的指导意见》，结合出版业实际情况，现就推动传统出版和新兴出版融合发展，提出如下指导意见：

一、总体要求

1. 指导思想。以邓小平理论、"三个代表"重要思想、科学发展观为指导，深入贯彻落实习近平总书记系列重要讲话精神，贯彻落实中央关于全面深化改革的重大战略部署，坚持以先进技术为支撑、内容建设为根本，充分运用新技术，创新出版方式、提高出版效能，进一步掌握网络空间话语权，进一步提高出版业的影响力传播力和竞争实力，推动出版业更好更快发展。

2. 基本原则。必须始终坚持党管出版，把坚持正确政治方向和出版导向贯穿到出版融合发展的各环节、全过程，自觉体现社会主义核心价值观，始终坚持把社会效益放在首位，努力实现社会效益和经济效益有机统一；坚持正确处理传统出版和新兴出版关系，以传统出版为根基实现并行并重、优势互补、此长彼长；坚持强化互联网思维，积极推进理念观念、管理体制、经营机制、生产方式创新；坚持一体化发展，推动传统出版和新兴出版实现出版资源、生产要素的有效整合；坚持内容为本技术为用、内容为体技术为翼，运用先进技术传播先进文化；坚持重点突破和整体推进相结合，因地制宜、积极探索、差异化发展。

3. 工作目标。按照积极推进、科学发展、规范管理、确保导向的要求，立足传统出版，发挥内容优势，运用先进技术，走向网络空间，切实推动传统出版和新兴出版在内容、渠道、平台、经营、管理等方面深度融合，实现出版内容、技术应用、平台终端、人才队伍的共享融通，形成一体化的组织结构、传播体系和管理机制。力争用3—5年的时间，研发和应用一批新技术新产品新业态，确立一批示范单位、示范项目、示范基地（园区），打造一批形态多样、手段先进、市场竞争力强的新型出版机构，建设若干家具有强大实力和传播力公信力影响力的新型出版传媒集团。

二、重点任务

4. 创新内容生产和服务。始终坚持贴近需求、质量第一，严格把关、深耕细作，将传统出版的专业采编优势、内容资源优势延伸到新兴出版，更好发挥舆论引导、思想传播和文化传承作用。探索和推进出版业务流程数字化改造，建立选题策划、协同编辑、结构化加工、全媒体资源管理等一体化内容生产平台，推动内容生产向实时生产、数据化生产、用户参与生产转变，实现内容生产模式的升级和创新。顺应互联网传播移动化、社交化、视频化、互动化趋势，综合运用多媒体表现形式，生产满足用户多样化、个性化需求和多终端传播的出版产品。强化用户理念和体验至上的服务意识，既做到按需提供服务、精准推送产品，又做到在互动中服务、在服务中引导，不断增强用户的参与度、关注度和满意度。

5. 加强重点平台建设。整合、集约优质内容资源，推动建立国家级出版内容发布投送平台、国家学术论文数字化发布平台、出版产品信息交换平台、国家数字出版服务云平台、版权在线交易平台等聚合精品、覆盖广泛、服务便捷、交易规范的平台及出版资源数据库，推进内容、营销、支付、客服、物流等平台化发展。鼓励平台间开放接口，通过市场化的方式，实现出版内容和行业数据跨平台互通共享。

6. 扩展内容传播渠道。各出版发行单位要探索适合自身融合发展的道路，创新传统发行渠道，大力发展电子商务，整合延伸产业链，构建线上线下一体化发展的内容传播体系。进一步加强实体书店建设，努力将实体书店建设成为集阅读学习、展示交流、聚会休闲、创意生活等功能于一体的复合式文化消费场所。支持实体书店与电子商务合作，在区域配送发挥各自优势。探索以用户为中心的全渠道服务模式。进一步开拓农村等出版产品消费市场。利用社交网络平台，建立出版网络社区等传播载体，打通传统出版读者群和新兴出版用户群，着力增强粘性，广泛吸引用户。借力商业网站的微博微信微店等渠道，不断扩大出版产品的用户规模，进一步扩大覆盖面。

7. 拓展新技术新业态。运用大数据、云计算、移动互联网、物联网等技术，加强出版内容、产品、用户数据库建设，提高数据采集、存储、管理、分析和运用能力。积极通过多种方式吸收借鉴、善加利用先进的传播技术和渠道，借力推动出版融合发展。充分利用新一代网络的技术优势，加快发展移动阅读、在线教育、知识服务、按需印刷、电子商务等新业态。加强出版大数据分析、结构化加工制作、资源知识化管理、数字版权保护、数字印刷、发布服务以及产品优化工具、跨终端呈现工具等关键性技术的研发和应用实践，着力解决出版融合发展面临的技术短板。建立和完善用户需求、生产需求、技术需求有机衔接的生产技术体系，不断以新技术引领出版融合发展，驱动转型升级。有计划地组织相关标准的制修订工作，完善标准化成果推广机制，加快国际标准关联标识符（ISLI）、中国出版物在线信息交换（CNONIX）等标准的推广和应用。

8. 完善经营管理机制。积极适应出版融合发展要求，主动探索出版单位内部组织结构的重构再造，逐步建立顺畅高效、适应市场竞争和一体化发展的内部运行机制。变革和融合传统出版和新兴出版生产经营模式，建立健全一个内容多种创意、一个创意多次开发、一次开发多种产品、一种产品多个形态、一次销售多条渠道、一次投入多次产出、一次产出多次增值的生产经营运行方式，激发出版融合发展的活力和创造力。探索建立首席信息官制度，加强版权、商标、品牌等的保护和多元化、社会化运营，构建融合发展状态下的经营管理模式。

9. 发挥市场机制作用。坚持行政推动和发挥市场作用相结合，探索以资本为纽带的出版融合发展之路，支持传统出版单位控股或参股互联网企业、科技企业，支持出版企业尤其是出版传媒集团跨地区、跨行业、跨媒体、跨所有制兼并重组。在网络出版以及对外专项出版领域，探索实行管理股试点。引导社会力量参与融合项目的技术研发和市场开拓，鼓励支持符合条件的出版企业上市融资，促进金融资本、社会资本与出版资源有效对接。增强传统出版单位的市场竞争意识和能力，健全技术创新激励机制和容错、纠错机制，探索建立股权激励机制。

三、政策措施

10. 加强相关法律法规修制工作。推动修订《中华人民共和国著作权法》，加快修订出台《网络出版服务管理规定》和《出版物市场管理规定》。制定新闻出版许可证管理办法、新闻采编人员职业资格制度暂行规定和网络连续出版物管理规定等。制定网络出版等新兴出版主体资格和准入条件，制定加强信息网络传播权行政保护指导意见，推动网络使用作品依法依规进行。通过逐步建立以法律法规为主体，以部门规章为配套，以规范性文件为补充的法律法规体系，规范、保障、推动出版融合发展。

11. 加大财政政策支持力度。充分发挥财政引导示范和带动作用，着力改善传统出版和新兴出版融合发展环境。加大中央文化产业发展专项资金支持力度，完善和落实项目补助、贷款贴息、保费补贴、绩效奖励等措施，更好地与新闻出版改革发展项目库等进行衔接，实现财政政策、产业政策与企业需求的有机衔接。支持出版企业在项目实施中更多运用金融资本、社会资本，符合条件的可通过"文化金融扶持计划"给予支持。加大国家出版基金对涉及出版融合发展的出版项目支持力度。继续实施新闻出版业转型升级重大项目，探索将传统出版和新兴出版融合发展纳入重大项目支持范围，突出重点、分步实施、逐年推进。

12. 优化出版行政管理。坚持和完善新闻出版主管主办制度，坚持出版特许经营，严格许可证管理。对网上网下、不同出版业态进行科学管理、有效管理，建立统一的导向要求和内容标准，建立出版单位社会效益评价机制。严厉打击各类非法出版物、网上淫秽色情信息，严厉打击出版领域的侵权盗版行为尤其是网上侵权盗版行为，创造良好的版权保护环境。加强质量管理，建立不良产品和企业退出机制。鼓励有条件的地区和出版单位率先发展，支持有先发优势的产业带、产业基地（园区）依托资源条件和产业优势，建设出版融合发展聚集区，扶持创业孵化，培育新的经济增长点。建立国家级出版融合发展研究基地（中心），对融合发展重大项目实施集智攻关。支持行业组织在出版融合发展研究、标准制定、自律维权等方面发挥积极作用。

13. 实施项目带动战略。充分发挥全民阅读、国家古籍整理出版、农家书屋、民文出版、出版发行网络建设、绿色印刷、"丝路书香"、国家数字复合出版、数字版权保护技术研发等项目的带动作用，支持提升出版融合发展的质量和水平。

14. 强化人才队伍建设。制定出版融合发展人才培养规划，支持出版单位与高校、研究机构和创新型企业联合开展出版融合发展人才培养，加大新兴出版内容生产人才、技术研发人才、资本运作人才和经营管理人才培养引进力度，进一步优化人才结构。建立出版融合发展人才资源库。鼓励出版传媒集团设立人才基金，鼓励出版单位加强领军人才和复合型人才队伍建设。建立健全绩效考核体系，创新项目用人机制，探索出版融合发展条件下吸引人才、留住人才、用好人才的有效途径。

四、组织实施

15. 统筹推进任务措施落实。各出版行政主管部门、出版单位要将出版融合发展列入行业和单位"十三五"规划等重大产业发展规划，制定实施方案，明确时间表、路线图、任务书，合理设计和规划实施项目，重大项目要按程序报批备案。制定精细化的项目指标，加强跟踪测评和效果评估。建立责任考核机制，一层抓一层，层层抓落实，将出版融合发展任务、重点项目落到实处。

16. 进一步加强组织领导。各级出版行政主管部门主要负责同志亲自抓、负总责，会同财政部门结合本地区（部门）实际，切实加强对出版融合发展的组织领导。要形成统一高效的议事决策和协调推动机制，整合各方资源，加强外部协作，强化内部协调，为推动出版融合发展提供有力保障。

国家新闻出版广电总局
中华人民共和国财政部
2015 年 3 月 31 日

国家新闻出版广电总局关于规范报刊单位及其所办新媒体采编管理的通知

新广出发〔2017〕44号

各省、自治区、直辖市新闻出版广电局，新疆生产建设兵团新闻出版广电局，中央军委政治工作部宣传局，中央和国家机关各部委、各民主党派、各人民团体报刊主管部门，中央主要新闻单位：

近年来，广大报刊出版单位坚持正确舆论导向，积极服务党和国家工作大局，弘扬主旋律，传播正能量，营造了良好的舆论氛围。但是，一些报刊出版单位疏于管理，特别是所办的网站、微博、微信、客户端等新媒体，违背有关转载网络信息的管理规定，采编不规范，审核不严谨，把关不严格，责任不落实，屡屡出现虚假新闻、"标题党"和"三俗"等问题，扰乱新闻传播秩序，损害新闻媒体权威性和公信力。为切实维护健康的新闻传播秩序，维护人民群众利益，现就加强报刊单位及其所办新媒体采编管理工作通知如下：

一、坚持正确舆论导向。各报刊出版单位要落实导向管理全覆盖要求，坚持传统媒体与新媒体一个标准，把坚持正确舆论导向贯彻落实到新闻采编的各个岗位和各个环节，特别是要贯彻落实到所办的网站、微博、微信、客户端等新媒体领域；要弘扬主旋律，传播正能量，创新方法手段，有效引导社会舆论，自觉抵制各类有害和虚假信息的传播。

二、统一管理要求。进一步完善新闻采编管理制度，用"一个标准、一把尺子、一条底线"统一严格管理所办报刊、网站、微博、微信、客户端等各类媒体及其采编人员；要严格执行"三审三校"、新闻采编与经营两分开等制度，进一步规范采、编、发工作流程，坚持实地采访、现场采访、直接采访，建立新闻消息来源核实核准机制，多方核实新闻事实，确保新闻报道真实、全面、客观、公正。

三、严格审核内容。进一步完善内容审核把关制度，明确审核把关重点和环节，加强对所办报刊、网站、微博、微信、客户端等各类媒体刊发内容的审核把关。刊发新闻报道必须履行采访核实和审核签发程序，确保新闻报道准确客观、导向正确后方可刊发，不得刊发未经核实的新闻报道，不得直接使用、刊发未经核实的网络信息，不得直接转载没有新闻发布资质的网站、微博、微信、客户端等发布的新闻信息，不得刊发淫秽、赌博、暴力以及其他危害社会公德和违背国家法律法规规定的文字、语音、图片和视频；转载其他新闻单位的新闻报道，不得对原稿进行实质性修改，不得歪曲篡改标题和稿件原意，并应当注明原稿作者及出处。要建立健全社会自由来稿审核制度，不得直接使用未经核实的社会自由来稿，涉及重大选题备案的，要依法依规履行报备程序。

四、规范新闻标题制作。制作新闻标题应遵循国家通用语言文字使用的基本规范，遵守文题相符的基本要求，审慎使用网络语言，不得使用不合逻辑、不合规范的网络语言，不得使用"网曝""网传"等不确定性词汇，确保新闻标题客观、准确地表达新闻事实，传达正确的立场、观点、态度，严防扭曲事实、虚假夸大、无中生有、迎合低级趣味的各类"标题党"行为。

五、加强网络活动管理。报刊出版单位要进一步贯彻落实《新闻从业人员职务行为信息管理办法》《关于加强新闻采编人员网络活动管理的通知》等有关规定，设立网站、微博、微信、客户端等新媒体，按规定向主管单位报备，并建立健全内部管理制度，加强监督管理，严禁将网站及网站频道的新闻采编业务对外承包、出租或转让。新闻从业人员以职务身份开设微博、微信、客户端等，或在其他媒体上发布职务行为信息的，须事先经本单位同意。

　　六、完善问责机制。进一步贯彻落实意识形态工作责任制，明确责任主体，落实采、编、发各环节管理责任，建立健全责任追究制度。对违法违规刊发新闻报道的，要依法依规严肃追究撰稿记者、责任编辑、部门主任、值班总编等相关人员的责任。

　　各省级新闻出版行政部门和中央报刊主管主办单位要根据本通知精神，部署安排所辖（属）报刊开展自查自纠，建立健全报刊及其所办新媒体新闻采编管理制度，要全面加强对报刊及所办网站、微博、微信、客户端等新媒体的监督管理，对违法违规从事新闻采编行为的，要坚决制止，依法严肃查处，并向社会公开通报处理结果。

国家新闻出版广电总局
2017 年 8 月 2 日

关于在出版行业深入开展马克思主义新闻出版观培训的意见

新广出发〔2014〕50号

各省、自治区、直辖市党委宣传部、出版行政部门,中央和国家机关各部委、各民主党派、各人民团体出版主管部门,中央各主要新闻单位、中央各重点出版集团、出版行业协会:

为在出版行业全面加强马克思主义新闻出版观教育,提高出版工作者思想政治素质,中宣部、国家新闻出版广电总局决定在全国出版行业深入开展马克思主义新闻出版观培训。现制定意见如下:

一、指导思想

深入学习贯彻党的十八大和十八届二中、三中全会精神,学习贯彻习近平总书记系列重要讲话精神,学习领会刘云山同志、刘奇葆同志关于宣传思想工作的重要指示,以马克思主义新闻出版观教育为重点,引导出版采编人员自觉坚持党性原则、坚持正确政治方向,弘扬优良传统,牢记文化使命,恪守职业道德,出版更多传递正能量、思想性艺术性可读性相统一的优秀作品,为传播先进文化,全面建成小康社会,实现中华民族伟大复兴中国梦贡献力量。

二、培训内容

(一)充分认识坚持马克思主义新闻出版观的重要性必要性。引导出版采编人员充分认识意识形态领域的复杂形势,认识加强马克思主义新闻出版观教育,是坚持围绕中心、服务大局的根本要求,是打牢思想根底、增强把关能力的有效途径,是增强政治意识、大局意识、责任意识,抵御错误思想观点侵蚀,解决当前出版导向问题的重要举措。

（二）深刻领会马克思主义新闻出版观的主要内容。结合当前出版工作实际，重点把握五个方面：一是坚持党性原则，这是出版工作的根本原则；二是坚持"二为"方向，这是出版工作的基本方针；三是坚持群众观点，这是出版工作的根本出发点和落脚点；四是坚持把社会效益放在首位，这是出版工作的基本遵循；五是坚持弘扬主旋律，传播正能量，提高宣传引导水平，这是出版工作的重要任务。

（三）学习掌握出版重要政策法规。重点学习党的十八大以来中央关于出版工作的重要决策部署，把握当前出版工作的方针原则、重点任务，了解规范出版活动的有关法律法规，引导出版采编人员将马克思主义新闻出版观的基本要求更好落实到具体工作中。

三、培训安排

培训面向全国图书、期刊、音像电子、网络出版单位从事采访、编辑、制作、把关的人员。培训工作分3个阶段进行。

（一）组织筹备（从现在起至6月底）

遴选师资队伍，精心编排课程。从新闻出版管理部门、中央和地方重点出版单位、出版行业协会中挑选思想业务作风过硬的人员，形成授课专家库，建立课件库。组织编写马克思主义新闻出版观主要教材，制作电视教学视频，作为开展培训的基础资源。

（二）开展培训（2014年7月至2015年9月）

按照"全面覆盖、分级分类"的原则推进培训工作，培训主要采取现场授课方式。

1. 中央新闻出版管理部门分别举办培训班。2014年8月，中宣部举办出版单位总编辑培训班1期，培训中央和省级出版集团、重点书刊出版单位主要负责人200人。国家新闻出版广电总局举办全国出版单位培训班9期，培训图书音像电子出版社社长、总编辑、党组织负责人、编辑室主任540人；举办全国期刊负责人培训班14期，培训期刊社社长、总编辑（主编）760人。

2. 各省区市和中央有关部委、中央重点出版集团分别举办培训班。各省区市党委宣传部会同省级出版行政部门，培训本省区市出版单位中层以上干部和地市所属期刊出版单位负责人，每期2天半以上。各省区市党委宣传部领导同志参加授课。中央有关部委和中央重点出版集团举办所属出版单位中层以上干部培训班，每期3天以上。

3. 中央有关部委和重点出版集团所属出版单位、各省区市出版单位和市县级出版单位，出版采编人员在30名（含30名）以上的，由该单位组织集中培训；出版采编人员在30名以下的，由其主管单位安排到相关系统、出版行业协会等指定单位参加培训，每期3天以上。

培训完成后，由组织单位进行书面总结，报送所在部委或所在地区出版行政部门。

（三）检查总结（2014年9月至2015年11月）

1. 督促检查。中宣部、国家新闻出版广电总局派督导组对各地各单位开展培训情况进行督导检查。中央各部委和各省区市党委宣传部、出版行政部门加强对所属各单位培训工作的督导检查。

2. 工作总结。2015年11月，中央和国家机关各部委、各省区市出版行政部门将本地本单位培训组织、培训人数、培训内容、考核结果等情况书面报国家新闻出版广电总局。

四、工作要求

（一）加强组织领导。各地各单位要高度重视，将马克思主义新闻出版观培训作为今明两年的重要任务列入工作日程，做好思想动员，周密安排部署，细化工作方案，持续有序推进。要把培训工作与中国特色社会主义和中国梦宣传教育、社会主义核心价值观培育践行、党的群众路线教育实践活动、"走转改"活动有机结合，共同推进。

（二）创新内容形式。要善于运用多种形式载体，运用事实和数字，运用历史与现实、国内与国外的比较方法，运用典型案例剖析，增强培训的说服力感染力。要充分考虑不同岗位、不同年龄出版采编人员的特点，加强互动交流和启发引导，加强学员的世情国情民情认知，避免照本宣科、脱离实际。

（三）务求培训实效。培训工作既要发挥各地各单位主动性创造性，又要按照统一部署进行，用好授课专家库、课件库和相关教材，保证每次培训的时长和质量，防止用一般业务培训或知识讲座代替。组织单位要加强培训内容把关，注意收集学员意见，不断改进完善。要以此次培训为契机，完善制度，规范管理，推动马克思主义新闻出版观培训日常化制度化。

中共中央宣传部　国家新闻出版广电总局
2014 年 4 月 16 日

关于规范学术期刊出版秩序促进
学术期刊健康发展的通知

新广出发〔2014〕46号

各省、自治区、直辖市新闻出版广电局，新疆生产建设兵团新闻出版广电局，解放军总政治部宣传部新闻出版局，中央和国家机关各部委、各民主党派、各人民团体期刊主管部门，各学术期刊网络出版服务机构：

习近平总书记指出，提高国家文化软实力，关系"两个一百年"奋斗目标和中华民族伟大复兴中国梦的实现。学术期刊是国家科研和国家文化软实力的重要组成部分，在繁荣学术研究，推动文化创新，促进经济社会发展和科学技术进步等方面发挥着不可替代的作用。改革开放30多年来，我国学术期刊品种数量迅速增长，出版质量和学术影响力也得到了较快提升，已初步形成学科门类齐全、基本满足科研学术交流需要的学术期刊出版体系，涌现出了一批在国内外有影响的知名品牌期刊。但是，目前学术期刊出版仍然存在着一些问题，主要表现为：分散弱小、结构不合理的状况未根本改变，规模化集约化水平较低；整体质量不高，国际竞争力不强，还不能适应科教兴国、建设创新型国家的战略要求；现行的科研人才评价机制造成论文发表需求过旺，学术期刊功能出现异化现象；一些学术期刊片面追求经济利益，放松审核把关，造成学术质量下降；特别是一些不具备学术出版条件的期刊超越业务范围或一号多版，出租、出售、转让出版权给个人及中介公司，刊发质量低劣学术论文牟利，造成不良的社会影响。为规范学术期刊出版秩序，优化学术期刊出版环境，提高学术期刊出版质量，促进学术期刊健康发展，根据《出版管理条例》、《期刊出版管理规定》等相关法规规章，现就有关问题通知如下。

一、严格学术期刊出版资质和要求，建立完善学术期刊出版准入制度

（一）本通知所称学术期刊是指经国家新闻出版行政主管部门批准，持有国内统一连续出版物号，领取期刊出版许可证，以刊载研究发现和创新成果的学术论文、文献为主的定期连续出版物。学术期刊由国家新闻出版广电总局认定，应符合以下条件：由科研教学机构、学术团体或具备学术出版能力的出版社、报刊社主办；经国家新闻出版行政主管部门批准的办刊宗旨及业务范围明确为学术研究与交流等；出版单位拥有相应的符合条件的学术编辑人员和其他必需的办刊条件；刊发的学术论文、文献或在理论上有创新见解，或在实践中有创新应用，或具有重要的文化积累价值；刊发的学术论文、文献具有严谨的格式规范；执行严格规范的组稿、编辑、审稿和同行评议制度。

（二）严格按照办刊宗旨和业务范围出版。学术期刊要立足自身学科和研究领域，注重专业化发展，发挥学术优势，不断提升学术水平和学术影响力；非学术期刊不得出版理论版、学术版等，不得收取论文发表费。

（三）遵守学术出版规范，严格执行国家相关质量标准。学术期刊刊发学术论文、文献的摘要、引文、注释、参考文献等要完备准确；期刊内容、编校、装帧设计、印制质量须符合《出版管理条例》、《期刊出版管理规定》、《社会科学期刊质量管理标准》（试行)、《科学技术期刊质量要求》等相关法规规章和标准。

（四）学术期刊要规范编辑出版流程，努力提高学术质量。学

术期刊出版单位要建立完善内部编辑审稿制度、编委会制度和同行评议制度等质量保障机制；认真做好选题策划、稿件组织工作，科学评估稿件的学术水平、创新成果及发表价值，确保出版质量；注重学术道德和学术诚信建设，自觉抵制学术不端行为，禁止由其他单位和个人代理发表论文，杜绝刊发抄袭、剽窃他人成果的文章。

（五）学术期刊要加强编辑队伍建设，提高编辑人员素质。学术期刊出版单位应严格执行国家出版专业技术人员职业资格制度，通过建立完善编辑人员准入、考评、监督、继续教育等制度，提升从业人员专业素养，不断提高学术期刊出版水平。

二、完善扶持激励政策和保障体系，构建学术期刊发展长效机制

（六）积极推动学术期刊出版单位体制改革。通过深化改革、调整结构、整合资源，创新体制机制，增强学术期刊发展能力。逐步推进学术期刊编辑部体制改革，探索建立学术期刊编辑部分散组稿审稿、出版企业统一出版发行的运营模式。依托优质学术资源或优势出版平台，组建具有学术品牌影响力和综合发展实力的学术出版集团，构建国家重点学术期刊数字化平台，引导学术期刊集约化发展和数字化转型。鼓励专业性强、办刊特色突出的学术期刊，走"专、精、特、新"的发展路径，支持其差异化发展。

（七）积极开展学术期刊质量评估工作。国家新闻出版行政主管部门制定完善学术期刊出版质量综合评估标准，组织有关机构开展评估，建立学术期刊评价体系及引导激励机制。各省级新闻出版行政部门要积极开展本地区学术期刊质量评估工作，并运用评估结果，对评估不达标的学术期刊限期整改，整改不合格的，予以退出；对出版质量高、学术影响力强的学术期刊予以政策扶持，提升学术期刊整体质量。

（八）积极推进国家重点学术期刊建设工程。通过"中国出版政府奖期刊奖"、"百强期刊"推荐活动及"科技期刊影响力提升计划"等，加大对精品学术期刊宣传推介和政策扶持力度，对在相关学科领域处于领先地位、具有较大发展潜力的学术期刊，在资金扶持、重大项目、资源配置、数字化转型、国际化合作等方面予以政策倾斜，大力推动优秀学术期刊加强品牌建设，形成精品学术期刊群，不断提升中国学术期刊竞争力和影响力。

三、落实责任，强化管理，切实推动学术期刊健康有序发展

（九）各级新闻出版行政主管部门要加强对刊发学术论文期刊的监督管理，充分利用网络手段，加强审读和监测，严格依法行政。按照《出版管理条例》、《期刊出版管理规定》的有关规定，进一步规范期刊变更名称、业务范围、刊期审批条件和程序，对擅自偏离办刊宗旨及超越业务范围刊发论文，违规从事一号多刊、买卖刊号等活动的期刊，依法予以严肃查处并公开通报；对学术期刊出版质量低劣、刊载拼凑或剽窃论文的依法予以行政处罚；对以书号形式出版"学术期刊"、学术集刊的出版单位予以处理和规范；对伪造刊号、利用境外刊号出版"学术期刊"收取版面费的非法出版活动，依法予以严厉打击并取缔。广泛发动群众积极举报期刊违法违规行为，查办一批重点案件，并通过新闻媒体予以曝光。

（十）学术期刊主管主办单位要强化管理责任，切实履行管导向、管资产、管队伍职责。要加大对学术期刊的扶持力度，保证有足够的办刊人员和设备场所，不断提高期刊编辑出版的现代化水平；充分发挥自身优势，在学术资源、资金方面予以保障，促进学术期刊健康发展。

（十一）学术期刊网络出版服务机构要认真履行社会责任，建立健全学术期刊收录、审核、网络出版制度，认真执行期刊出版、

版权有关规定，严格审核委托单位期刊出版许可证和学术出版资质，不得收录非学术期刊、内部资料性出版物、以书号形式出版的"学术期刊"、利用境外刊号出版的"学术期刊"及其他非法学术期刊，自觉维护学术期刊出版秩序。

（十二）国家新闻出版行政主管部门将开展学术期刊清理和资质认定工作。由各省级新闻出版行政部门和中央期刊主管单位按照学术期刊认定标准，审核报送本地区本单位学术期刊名单。总局组织专家对名单进行审定后，对符合学术期刊条件的予以认定并分期分批向社会公布；对主办单位符合条件、经批准办刊宗旨及业务范围明确为学术研究与交流等，但其他条件不符合本通知要求的，责令限期整改，整改仍达不到要求的，予以调整或退出。

各省级新闻出版行政部门和中央期刊主管单位接本通知后，要立即组织对所辖所属刊发学术论文的期刊进行一次全面核查，严肃查处和纠正期刊违规行为；各期刊出版单位要按照本通知要求，认真进行自查，针对存在的问题进行整改，切实规范学术期刊出版秩序，确保学术期刊健康有序发展，为不断提高国家文化软实力做出更大贡献。

国家新闻出版广电总局

2014年4月3日

关于严厉禁止和坚决查处中小学教辅材料出版发行违法违规行为的通知

新出政发〔2013〕5号

各省、自治区、直辖市新闻出版局,新疆生产建设兵团新闻出版局,解放军总政治部宣传部新闻出版局,中央和国家机关各部委、各民主党派、各人民团体出版单位主管部门,中国出版集团公司、中国教育出版传媒集团有限公司、中国科技出版传媒集团有限公司:

适当出版发行一些适应中小学教学需要、质优价廉的教辅材料,对于提高教学质量具有一定的积极作用。但是,近年来中小学教辅材料出版发行中出现了一些不规范甚至违法违规的行为,损害了人民群众的利益,引起了学生和家长的不满。按照深入开展党的群众路线教育实践活动、整治"四风"、着力解决群众反映突出问题的要求,各级新闻出版行政主管部门对中小学教辅材料出版发行中的不规范和违法违规行为要予以严厉禁止和坚决查处。现就有关事项通知如下:

一、严把中小学教辅材料出版印制关。对不具备中小学教辅材料出版资质的出版单位,不得安排中小学教辅材料选题,不得出版、再版、重印中小学教辅材料,不得通过报刊更名等方式变相出版中小学教辅材料。严禁任何形式的买卖书号、刊号、版号和一号多用等违法违规行为。印刷复制单位在未按照规定办理相关手续,或手续不全、不齐、无效等情况下,不得承接中小学教辅材料印刷复制业务。

二、严禁违规发行中小学教辅材料。任何单位、部门和个人未经批准不得从事中小学教辅材料发行活动。出版发行单位不得委托不具有发行资质的单位、部门和个人代理发行销售中小学教辅材料。严禁销售侵权盗版和非法出版的中小学教辅材料，严禁销售内容质量、编校质量或印装质量不符合国家有关规定和标准的中小学教辅材料。对不符合市场准入条件、不具备资质或违法违规经营中小学教辅材料的发行单位，要坚决查处并予以取缔。

三、严格中小学教辅材料价格管理。各省、自治区、直辖市评议公告的中小学教辅材料试行政府指导价。各省、自治区、直辖市新闻出版行政主管部门要与当地价格主管部门通力合作，严格履行价格确认程序。严禁违反或变相违反国家统一制定的正文印张、封面基准价格标准以及发行费用标准制定和确认价格。各出版单位要按照有关规定如实填写申报材料，不得虚报印张数量，或通过降低用纸规格、降低印装标准，变相提高定价标准。中小学教辅材料零售价格一经确认，出版发行单位不得擅自调整印张规格、克重、印色数、印张数或改变零售价格，提高定价标准。

各省、自治区、直辖市评议公告以外的中小学教辅材料价格的确定，必须遵守国家《价格法》、《反不正当竞争法》及相关法律法规的规定。出版单位不得违背公平、合法和诚实信用的原则确定价格，不得背离中小学教辅材料出版发行的合理成本和市场供求状况制定价格，不得采取高定价、低折扣等不正当行为推销中小学教辅材料。

各相关出版单位要在本单位门户网页显著位置向社会公开所出版的中小学教辅材料定价情况，包括开本、印张数、印张单价、零售价格等情况，主动接受社会监督。

四、严查非法出版发行中小学教辅材料行为。任何单位和个人在中小学教辅材料编写、出版、印刷复制、发行等环节,不得以拿回扣、索要赞助等非法手段中饱私囊。出版发行单位不得与有关部门、学校或老师进行地下交易和一切形式的商业贿赂行为,不得派员进入学校、班级,向老师、中小学生和家长推荐、征订、搭售教辅材料,不得伙同有关人员要求学生到指定书店购买中小学教辅材料。对非法出版、盗版盗印中小学教辅材料的行为要依法严厉查处。

要反复公布和宣传总局举报中心和本地新闻出版行政主管部门的举报电话号码、网址和举报方式,发动群众和媒体进行监督。对群众举报和媒体曝光的违法违规行为,要做到件件有处理、事事有结果。对涉案金额较大、问题严重、情节恶劣、影响较大的案件,要追根溯源、彻查严办,该吊销的吊销,该取缔的取缔,构成犯罪的移交司法部门依法追究刑事责任。

中小学教辅材料出版发行工作关系群众切身利益。各级新闻出版行政主管部门要提高思想认识,把严厉禁止和坚决查处中小学教辅材料出版发行中不规范和违法违规行为作为深入开展党的群众路线教育实践活动的重要内容,立行立改,切实履行新闻出版行政主管部门的监管职责。对监管失职的,要严肃追究责任。

新闻出版广电总局

2013 年 8 月 26 日

出版物市场管理规定

国家新闻出版广电总局
中华人民共和国商务部令
第 10 号

《出版物市场管理规定》已经 2016 年 4 月 26 日国家新闻出版广电总局局务会议通过,并经商务部同意,现予公布,自 2016 年 6 月 1 日起施行。

新闻出版广电总局局长
商务部部长
2016 年 5 月 31 日

第一章 总 则

第一条 为规范出版物发行活动及其监督管理,建立全国统一开放、竞争有序的出版物市场体系,满足人民群众精神文化需求,推进社会主义文化强国建设，根据《出版管理条例》和有关法律、行政法规，制定本规定。

第二条 本规定适用于出版物发行活动及其监督管理。

本规定所称出版物，是指图书、报纸、期刊、音像制品、电子出版物。

本规定所称发行，包括批发、零售以及出租、展销等活动。

批发是指供货商向其他出版物经营者销售出版物。

零售是指经营者直接向消费者销售出版物。

出租是指经营者以收取租金的形式向消费者提供出版物。

展销是指主办者在一定场所、时间内组织出版物经营者集中展览、销售、订购出版物。

第三条 国家对出版物批发、零售依法实行许可制度。从事出版物批发、零售活动的单位和个人凭出版物经营许可证开展出版物批发、零售活动；未经许可，任何单位和个人不得从事出版物批发、零售活动。

任何单位和个人不得委托非出版物批发、零售单位或者个人销售出版物或者代理出版物销售业务。

第四条 国家新闻出版广电总局负责全国出版物发行活动的监督管理，负责制定全国出版物发行业发展规划。

省、自治区、直辖市人民政府出版行政主管部门负责本行政区域内出版物发行活动的监督管理，制定本省、自治区、直辖市出版物发行业发展规划。省级以下各级人民政府出版行政主管部门负责本行政区域内出版物发行活动的监督管理。

制定出版物发行业发展规划须经科学论证，遵循合法公正、符合实际、促进发展的原则。

第五条 国家保障、促进发行业的发展与转型升级，扶持实体书店、农村发行网点、发行物流体系、发行业信息化建设等，推动网络发行等新兴业态发展，推动发行业与其他相关产业融合发展。对为发行业发展作出重要贡献的单位和个人，按照国家有关规定给予奖励。

第六条 发行行业的社会团体按照其章程，在出版行政主管部门的指导下，实行自律管理。

第二章 申请从事出版物发行业务

第七条 单位从事出版物批发业务，应当具备下列条件：

（一）已完成工商注册登记，具有法人资格；

（二）工商登记经营范围含出版物批发业务；

（三）有与出版物批发业务相适应的设备和固定的经营场所，经营场所面积合计不少于50平方米；

（四）具备健全的管理制度并具有符合行业标准的信息管理系统。

本规定所称经营场所，是指企业在工商行政主管部门注册登记的住所。

第八条 单位申请从事出版物批发业务，可向所在地地市级人民政府出版行政主管部门提交申请材料，地市级人民政府出版行政主管部门在接受申请材料之日起10个工作日内完成审核，审核后报省、自治区、直辖市人民政府出版行政主管部门审批；申请单位也可直接报所在地省、自治区、直辖市人民政府出版行政主管部门审批。

省、自治区、直辖市人民政府出版行政主管部门自受理申请之日起20个工作日内作出批准或者不予批准的决定。批准的，由省、自治区、直辖市人民政府出版行政主管部门颁发出版物经营许可证,并报国家新闻出版广电总局备案。不予批准的,应当向申请人书面说明理由。

申请材料包括下列书面材料:

(一)营业执照正副本复印件;

(二)申请书,载明单位基本情况及申请事项;

(三)企业章程;

(四)注册资本数额、来源及性质证明;

(五)经营场所情况及使用权证明;

(六)法定代表人及主要负责人的身份证明;

(七)企业信息管理系统情况的证明材料。

第九条 单位、个人从事出版物零售业务,应当具备下列条件:

(一)已完成工商注册登记;

(二)工商登记经营范围含出版物零售业务;

(三)有固定的经营场所。

第十条 单位、个人申请从事出版物零售业务,须报所在地县级人民政府出版行政主管部门审批。

县级人民政府出版行政主管部门应当自受理申请之日起20个工作日内作出批准或者不予批准的决定。批准的,由县级人民政府出版行政主管部门颁发出版物经营许可证,并报上一级出版行政主管部门备案;其中门店营业面积在5000平方米以上的应同时报省级人民政府出版行政主管部门备案。不予批准的,应当向申请单位、个人书面说明理由。

申请材料包括下列书面材料:

(一)营业执照正副本复印件;

（二）申请书，载明单位或者个人基本情况及申请事项；

（三）经营场所的使用权证明。

第十一条 单位从事中小学教科书发行业务，应取得国家新闻出版广电总局批准的中小学教科书发行资质，并在批准的区域范围内开展中小学教科书发行活动。单位从事中小学教科书发行业务，应当具备下列条件：

（一）以出版物发行为主营业务的公司制法人；

（二）有与中小学教科书发行业务相适应的组织机构和发行人员；

（三）有能够保证中小学教科书储存质量要求的、与其经营品种和规模相适应的储运能力，在拟申请从事中小学教科书发行业务的省、自治区、直辖市、计划单列市的仓储场所面积在5000平方米以上，并有与中小学教科书发行相适应的自有物流配送体系；

（四）有与中小学教科书发行业务相适应的发行网络。在拟申请从事中小学教科书发行业务的省、自治区、直辖市、计划单列市的企业所属出版物发行网点覆盖不少于当地70%的县（市、区），且以出版物零售为主营业务，具备相应的中小学教科书储备、调剂、添货、零售及售后服务能力；

（五）具备符合行业标准的信息管理系统；

（六）具有健全的管理制度及风险防控机制和突发事件处置能力；

（七）从事出版物批发业务五年以上。最近三年内未受到出版行政主管部门行政处罚，无其他严重违法违规记录。

审批中小学教科书发行资质，除依照前款所列条件外，还应当符合国家关于中小学教科书发行单位的结构、布局宏观调控和规划。

第十二条 单位申请从事中小学教科书发行业务，须报国家新闻出版广电总局审批。

国家新闻出版广电总局应当自受理之日起20个工作日内作出批准或者不予批准的决定。批准的，由国家新闻出版广电总局作出书面批复并颁发中小学教科书发行资质证。不予批准的，应当向申请单位书面说明理由。

申请材料包括下列书面材料：

（一）申请书，载明单位基本情况及申请事项；

（二）企业章程；

（三）出版物经营许可证和企业法人营业执照正副本复印件；

（四）法定代表人及主要负责人的身份证明，有关发行人员的资质证明；

（五）最近三年的企业法人年度财务会计报告及证明企业信誉的有关材料；

（六）经营场所、发行网点和储运场所的情况及使用权证明；

（七）企业信息管理系统情况的证明材料；

（八）企业发行中小学教科书过程中能够提供的服务和相关保障措施；

（九）企业法定代表人签署的企业依法经营中小学教科书发行业务的承诺书；

（十）拟申请从事中小学教科书发行业务的省、自治区、直辖市、计划单列市人民政府出版行政主管部门对企业基本信息、经营状况、储运能力、发行网点等的核实意见；

（十一）其他需要的证明材料。

第十三条 单位、个人从事出版物出租业务，应当于取得营业执照后15日内到当地县级人民政府出版行政主管部门备案。

备案材料包括下列书面材料：

（一）营业执照正副本复印件；

（二）经营场所情况；

（三）法定代表人或者主要负责人情况。

相关出版行政主管部门应在10个工作日内向申请备案单位、个人出具备案回执。

第十四条 国家允许外商投资企业从事出版物发行业务。

设立外商投资出版物发行企业或者外商投资企业从事出版物发行业务，申请人应向地方商务主管部门报送拟设立外商投资出版物发行企业的合同、章程，办理外商投资审批手续。地方商务主管部门在征得出版行政主管部门同意后，按照有关法律、法规的规定，作出批准或者不予批准的决定。予以批准的，颁发外商投资企业批准证书，并在经营范围后加注"凭行业经营许可开展"；不予批准的，书面通知申请人并说明理由。

申请人持外商投资企业批准证书到所在地工商行政主管部门办理营业执照或者在营业执照企业经营范围后加注相关内容，并按照本规定第七条至第十条及第十三条的有关规定到所在地出版行政主管部门履行审批或备案手续。

第十五条 单位、个人通过互联网等信息网络从事出版物发行业务的，应当依照本规定第七条至第十条的规定取得出版物经营许可证。

已经取得出版物经营许可证的单位、个人在批准的经营范围内通过互联网等信息网络从事出版物发行业务的，应自开展网络发行业务后15日内到原批准的出版行政主管部门备案。

备案材料包括下列书面材料：

（一）出版物经营许可证和营业执照正副本复印件；

（二）单位或者个人基本情况；

（三）从事出版物网络发行所依托的信息网络的情况。

相关出版行政主管部门应在10个工作日内向备案单位、个人出具备案回执。

第十六条 书友会、读者俱乐部或者其他类似组织申请从事出版物零售业务，按照本规定第九条、第十条的有关规定到所在地出版行政主管部门履行审批手续。

第十七条 从事出版物发行业务的单位、个人可在原发证机关所辖行政区域一定地点设立临时零售点开展其业务范围内的出版物销售活动。设立临时零售点时间不得超过10日，应提前到设点所在地县级人民政府出版行政主管部门备案并取得备案回执，并应遵守所在地其他有关管理规定。

备案材料包括下列书面材料：

（一）出版物经营许可证和营业执照正副本复印件；

（二）单位、个人基本情况；

（三）设立临时零售点的地点、时间、销售出版物品种；

（四）其他相关部门批准设立临时零售点的材料。

第十八条 出版物批发单位可以从事出版物零售业务。

出版物批发、零售单位设立不具备法人资格的发行分支机构，或者出版单位设立发行本版出版物的不具备法人资格的发行分支机构，不需单独办理出版物经营许可证，但应依法办理分支机构工商登记，并于领取营业执照后15日内到原发证机关和分支机构所在地出版行政主管部门备案。

备案材料包括下列书面材料：

（一）出版物经营许可证或者出版单位的出版许可证及分支机构营业执照正副本复印件；

（二）单位基本情况；

（三）单位设立不具备法人资格的发行分支机构的经营场所、经营范围等情况。

相关出版行政主管部门应在10个工作日内向备案单位、个人出具备案回执。

第十九条　从事出版物发行业务的单位、个人变更出版物经营许可证登记事项，或者兼并、合并、分立的，应当依照本规定到原批准的出版行政主管部门办理审批手续。出版行政主管部门自受理申请之日起20个工作日内作出批准或者不予批准的决定。批准的，由出版行政主管部门换发出版物经营许可证；不予批准的，应当向申请单位、个人书面说明理由。

申请材料包括下列书面材料：

（一）出版物经营许可证和营业执照正副本复印件；

（二）申请书，载明单位或者个人基本情况及申请变更事项；

（三）其他需要的证明材料。

从事出版物发行业务的单位、个人终止经营活动的，应当于15日内持出版物经营许可证和营业执照向原批准的出版行政主管部门备案，由原批准的出版行政主管部门注销出版物经营许可证。

第三章　出版物发行活动管理

第二十条　任何单位和个人不得发行下列出版物：

（一）含有《出版管理条例》禁止内容的违禁出版物；

（二）各种非法出版物，包括：未经批准擅自出版、印刷或者复制的出版物，伪造、假冒出版单位或者报刊名称出版的出版物，非法进口的出版物；

（三）侵犯他人著作权或者专有出版权的出版物；

（四）出版行政主管部门明令禁止出版、印刷或者复制、发行的出版物。

第二十一条 内部发行的出版物不得公开宣传、陈列、展示、征订、销售或面向社会公众发送。

第二十二条 从事出版物发行业务的单位和个人在发行活动中应当遵循公平、守法、诚实、守信的原则，依法订立供销合同，不得损害消费者的合法权益。

从事出版物发行业务的单位、个人，必须遵守下列规定：

（一）从依法取得出版物批发、零售资质的出版发行单位进货；发行进口出版物的，须从依法设立的出版物进口经营单位进货；

（二）不得超出出版行政主管部门核准的经营范围经营；

（三）不得张贴、散发、登载有法律、法规禁止内容的或者有欺诈性文字、与事实不符的征订单、广告和宣传画；

（四）不得擅自更改出版物版权页；

（五）出版物经营许可证应在经营场所明显处张挂；利用信息网络从事出版物发行业务的，应在其网站主页面或者从事经营活动的网页醒目位置公开出版物经营许可证和营业执照登载的有关信息或链接标识；

（六）不得涂改、变造、出租、出借、出售或者以其他任何形式转让出版物经营许可证和批准文件；

第二十三条 从事出版物发行业务的单位、个人，应查验供货单位的出版物经营许可证并留存复印件或电子文件，并将出版物发行进销货清单等有关非财务票据至少保存两年，以备查验。

进销货清单应包括进销出版物的名称、数量、折扣、金额以及发货方和进货方单位公章（签章）。

第二十四条 出版物发行从业人员应接受出版行政主管部门组织的业务培训。出版物发行单位应建立职业培训制度，积极组织本单位从业人员参加依法批准的职业技能鉴定机构实施的发行员职业技能鉴定。

第二十五条 出版单位可以发行本出版单位出版的出版物。发行非本出版单位出版的出版物的，须按照从事出版物发行业务的有关规定办理审批手续。

第二十六条 为出版物发行业务提供服务的网络交易平台应向注册地省、自治区、直辖市人民政府出版行政主管部门备案，接受出版行政主管部门的指导与监督管理。

备案材料包括下列书面材料：

（一）营业执照正副本复印件；

（二）单位基本情况；

（三）网络交易平台的基本情况。

省、自治区、直辖市人民政府出版行政主管部门应于10个工作日内向备案的网络交易平台出具备案回执。

提供出版物发行网络交易平台服务的经营者，应当对申请通过网络交易平台从事出版物发行业务的经营主体身份进行审查，核实经营主体的营业执照、出版物经营许可证，并留存证照复印件或电子文档备查。不得向无证无照、证照不齐的经营者提供网络交易平台服务。

为出版物发行业务提供服务的网络交易平台经营者应建立交易风险防控机制，保留平台内从事出版物发行业务经营主体的交易记录两年以备查验。对在网络交易平台内从事各类违法出版物发行活动的，应当采取有效措施予以制止，并及时向所在地出版行政主管部门报告。

第二十七条 省、自治区、直辖市出版行政主管部门和全国性出版、发行行业协会，可以主办全国性的出版物展销活动和跨省专业性出版物展销活动。主办单位应提前2个月报国家新闻出版广电总局备案。

市、县级出版行政主管部门和省级出版、发行协会可以主办地方性的出版物展销活动。主办单位应提前2个月报上一级出版行政主管部门备案。

备案材料包括下列书面材料：

（一）展销活动主办单位；

（二）展销活动时间、地点；

（三）展销活动的场地、参展单位、展销出版物品种、活动筹备等情况。

第二十八条 从事中小学教科书发行业务，必须遵守下列规定：

（一）从事中小学教科书发行业务的单位必须具备中小学教科书发行资质；

（二）纳入政府采购范围的中小学教科书，其发行单位须按照《中华人民共和国政府采购法》的有关规定确定；

（三）按照教育行政主管部门和学校选定的中小学教科书，在规定时间内完成发行任务，确保"课前到书，人手一册"。因自然灾害等不可抗力导致中小学教科书发行受到影响的，应及时采取补救措施，并报告所在地出版行政和教育行政主管部门；

（四）不得在中小学教科书发行过程中擅自征订、搭售教学用书目录以外的出版物；

（五）不得将中小学教科书发行任务向他人转让和分包；

（六）不得涂改、倒卖、出租、出借中小学教科书发行资质证书；

（七）中小学教科书发行费率按照国家有关规定执行，不得违反规定收取发行费用；

（八）做好中小学教科书的调剂、添货、零售和售后服务等相关工作；

（九）应于发行任务完成后30个工作日内向国家新闻出版广电总局和所在地省级出版行政主管部门书面报告中小学教科书发行情况。

中小学教科书出版单位应在规定时间内向依法确定的中小学教科书发行单位足量供货，不得向不具备中小学教科书发行资质的单位供应中小学教科书。

第二十九条 任何单位、个人不得从事本规定第二十条所列出版物的征订、储存、运输、邮寄、投递、散发、附送等活动。

从事出版物储存、运输、投递等活动，应当接受出版行政主管部门的监督检查。

第三十条 从事出版物发行业务的单位、个人应当按照出版行政主管部门的规定接受年度核验，并按照《中华人民共和国统计法》《新闻出版统计管理办法》及有关规定如实报送统计资料，不得以任何借口拒报、迟报、虚报、瞒报以及伪造和篡改统计资料。

出版物发行单位、个人不再具备行政许可的法定条件的，由出版行政主管部门责令限期改正；逾期仍未改正的，由原发证机关撤销出版物经营许可证。

中小学教科书发行单位不再具备中小学教科书发行资质的法定条件的，由出版行政主管部门责令限期改正；逾期仍未改正的，由原发证机关撤销中小学教科书发行资质证。

第四章 法律责任

第三十一条 未经批准，擅自从事出版物发行业务的，依照《出版管理条例》第六十一条处罚。

第三十二条 发行违禁出版物的，依照《出版管理条例》第六十二条处罚。

发行国家新闻出版广电总局禁止进口的出版物，或者发行未从依法批准的出版物进口经营单位进货的进口出版物，依照《出版管理条例》第六十三条处罚。

发行其他非法出版物和出版行政主管部门明令禁止出版、印刷或者复制、发行的出版物的，依照《出版管理条例》第六十五条处罚。

发行违禁出版物或者非法出版物的，当事人对其来源作出说明、指认，经查证属实的，没收出版物和非法所得，可以减轻或免除其他行政处罚。

第三十三条 违反本规定发行侵犯他人著作权或者专有出版权的出版物的，依照《中华人民共和国著作权法》和《中华人民共和国著作权法实施条例》的规定处罚。

第三十四条 在中小学教科书发行过程中违反本规定，有下列行为之一的，依照《出版管理条例》第六十五条处罚：

（一）发行未经依法审定的中小学教科书的；

（二）不具备中小学教科书发行资质的单位从事中小学教科书发行活动的；

（三）未按照《中华人民共和国政府采购法》有关规定确定的单位从事纳入政府采购范围的中小学教科书发行活动的。

第三十五条　出版物发行单位未依照规定办理变更审批手续的，依照《出版管理条例》第六十七条处罚。

第三十六条　单位、个人违反本规定被吊销出版物经营许可证的，其法定代表人或者主要负责人自许可证被吊销之日起10年内不得担任发行单位的法定代表人或者主要负责人。

第三十七条　违反本规定，有下列行为之一的，由出版行政主管部门责令停止违法行为，予以警告，并处3万元以下罚款：

（一）未能提供近两年的出版物发行进销货清单等有关非财务票据或者清单、票据未按规定载明有关内容的；

（二）超出出版行政主管部门核准的经营范围经营的；

（三）张贴、散发、登载有法律、法规禁止内容的或者有欺诈性文字、与事实不符的征订单、广告和宣传画的；

（四）擅自更改出版物版权页的；

（五）出版物经营许可证未在经营场所明显处张挂或者未在网页醒目位置公开出版物经营许可证和营业执照登载的有关信息或者链接标识的；

（六）出售、出借、出租、转让或者擅自涂改、变造出版物经营许可证的；

（七）公开宣传、陈列、展示、征订、销售或者面向社会公众发送规定应由内部发行的出版物的；

（八）委托无出版物批发、零售资质的单位或者个人销售出版物或者代理出版物销售业务的；

（九）未从依法取得出版物批发、零售资质的出版发行单位进货的；

（十）提供出版物网络交易平台服务的经营者未按本规定履行有关审查及管理责任的；

（十一）应按本规定进行备案而未备案的；

（十二）不按规定接受年度核验的。

第三十八条 在中小学教科书发行过程中违反本规定，有下列行为之一的，由出版行政主管部门责令停止违法行为，予以警告，并处3万元以下罚款：

（一）擅自调换已选定的中小学教科书的；

（二）擅自征订、搭售教学用书目录以外的出版物的；

（三）擅自将中小学教科书发行任务向他人转让和分包的；

（四）涂改、倒卖、出租、出借中小学教科书发行资质证书的；

（五）未在规定时间内完成中小学教科书发行任务的；

（六）违反国家有关规定收取中小学教科书发行费用的；

（七）未按规定做好中小学教科书的调剂、添货、零售和售后服务的；

（八）未按规定报告中小学教科书发行情况的；

（九）出版单位向不具备中小学教科书发行资质的单位供应中小学教科书的；

（十）出版单位未在规定时间内向依法确定的中小学教科书发行企业足量供货的；

（十一）在中小学教科书发行过程中出现重大失误，或者存在其他干扰中小学教科书发行活动行为的。

第三十九条 征订、储存、运输、邮寄、投递、散发、附送本规定第二十条所列出版物的，按照本规定第三十二条进行处罚。

第四十条 未按本规定第三十条报送统计资料的，按照《新闻出版统计管理办法》有关规定处理。

第五章 附　则

第四十一条　允许香港、澳门永久性居民中的中国公民依照内地有关法律、法规和行政规章，在内地各省、自治区、直辖市设立从事出版物零售业务的个体工商户，无需经过外资审批。

第四十二条　本规定所称中小学教科书，是指经国务院教育行政主管部门审定和经授权审定的义务教育教学用书（含配套教学图册、音像材料等）。

中小学教科书发行包括中小学教科书的征订、储备、配送、分发、调剂、添货、零售、结算及售后服务等。

第四十三条　出版物经营许可证和中小学教科书发行资质证的设计、印刷、制作与发放等，按照《新闻出版许可证管理办法》有关规定执行。

第四十四条　本规定由国家新闻出版广电总局会同商务部负责解释。

第四十五条　本规定自2016年6月1日起施行，原新闻出版总署、商务部2011年3月25日发布的《出版物市场管理规定》同时废止。本规定施行前与本规定不一致的其他规定不再执行。

网络出版服务管理规定

国家新闻出版广电总局
中华人民共和国工业和信息化部令
第 5 号

《网络出版服务管理规定》已经 2015 年 8 月 20 日国家新闻出版广电总局局务会议通过，并经工业和信息化部同意，现予公布，自 2016 年 3 月 10 日起施行。

国家新闻出版广电总局局长
工业和信息化部部长
2016 年 2 月 4 日

第一章 总 则

第一条 为了规范网络出版服务秩序，促进网络出版服务业健康有序发展，根据《出版管理条例》、《互联网信息服务管理办法》

及相关法律法规,制定本规定。

第二条 在中华人民共和国境内从事网络出版服务,适用本规定。

本规定所称网络出版服务,是指通过信息网络向公众提供网络出版物。

本规定所称网络出版物,是指通过信息网络向公众提供的,具有编辑、制作、加工等出版特征的数字化作品,范围主要包括:

(一)文学、艺术、科学等领域内具有知识性、思想性的文字、图片、地图、游戏、动漫、音视频读物等原创数字化作品;

(二)与已出版的图书、报纸、期刊、音像制品、电子出版物等内容相一致的数字化作品;

(三)将上述作品通过选择、编排、汇集等方式形成的网络文献数据库等数字化作品;

(四)国家新闻出版广电总局认定的其他类型的数字化作品。

网络出版服务的具体业务分类另行制定。

第三条 从事网络出版服务,应当遵守宪法和有关法律、法规,坚持为人民服务、为社会主义服务的方向,坚持社会主义先进文化的前进方向,弘扬社会主义核心价值观,传播和积累一切有益于提高民族素质、推动经济发展、促进社会进步的思想道德、科学技术和文化知识,满足人民群众日益增长的精神文化需要。

第四条 国家新闻出版广电总局作为网络出版服务的行业主管部门,负责全国网络出版服务的前置审批和监督管理工作。工业和信息化部作为互联网行业主管部门,依据职责对全国网络出版服务实施相应的监督管理。

地方人民政府各级出版行政主管部门和各省级电信主管部门依据各自职责对本行政区域内网络出版服务及接入服务实施相应的监

督管理工作并做好配合工作。

第五条 出版行政主管部门根据已经取得的违法嫌疑证据或者举报，对涉嫌违法从事网络出版服务的行为进行查处时，可以检查与涉嫌违法行为有关的物品和经营场所；对有证据证明是与违法行为有关的物品，可以查封或者扣押。

第六条 国家鼓励图书、音像、电子、报纸、期刊出版单位从事网络出版服务，加快与新媒体的融合发展。

国家鼓励组建网络出版服务行业协会，按照章程，在出版行政主管部门的指导下制定行业自律规范，倡导网络文明，传播健康有益内容，抵制不良有害内容。

第二章　网络出版服务许可

第七条 从事网络出版服务，必须依法经过出版行政主管部门批准，取得《网络出版服务许可证》。

第八条 图书、音像、电子、报纸、期刊出版单位从事网络出版服务，应当具备以下条件：

（一）有确定的从事网络出版业务的网站域名、智能终端应用程序等出版平台；

（二）有确定的网络出版服务范围；

（三）有从事网络出版服务所需的必要的技术设备，相关服务器和存储设备必须存放在中华人民共和国境内。

第九条 其他单位从事网络出版服务，除第八条所列条件外，还应当具备以下条件：

（一）有确定的、不与其他出版单位相重复的，从事网络出版服务主体的名称及章程；

（二）有符合国家规定的法定代表人和主要负责人，法定代表人必须是在境内长久居住的具有完全行为能力的中国公民，法定代表人和主要负责人至少1人应当具有中级以上出版专业技术人员职业资格；

（三）除法定代表人和主要负责人外，有适应网络出版服务范围需要的8名以上具有国家新闻出版广电总局认可的出版及相关专业技术职业资格的专职编辑出版人员，其中具有中级以上职业资格的人员不得少于3名；

（四）有从事网络出版服务所需的内容审校制度；

（五）有固定的工作场所；

（六）法律、行政法规和国家新闻出版广电总局规定的其他条件。

第十条 中外合资经营、中外合作经营和外资经营的单位不得从事网络出版服务。

网络出版服务单位与境内中外合资经营、中外合作经营、外资经营企业或境外组织及个人进行网络出版服务业务的项目合作，应当事前报国家新闻出版广电总局审批。

第十一条 申请从事网络出版服务，应当向所在地省、自治区、直辖市出版行政主管部门提出申请，经审核同意后，报国家新闻出版广电总局审批。国家新闻出版广电总局应当自受理申请之日起60日内，作出批准或者不予批准的决定。不批准的，应当说明理由。

第十二条 从事网络出版服务的申报材料，应该包括下列内容：

（一）《网络出版服务许可证申请表》；

（二）单位章程及资本来源性质证明；

（三）网络出版服务可行性分析报告，包括资金使用、产品规划、技术条件、设备配备、机构设置、人员配备、市场分析、风险评估、版权保护措施等；

（四）法定代表人和主要负责人的简历、住址、身份证明文件；

（五）编辑出版等相关专业技术人员的国家认可的职业资格证明和主要从业经历及培训证明；

（六）工作场所使用证明；

（七）网站域名注册证明、相关服务器存放在中华人民共和国境内的承诺。

本规定第八条所列单位从事网络出版服务的，仅提交前款（一）、（六）、（七）项规定的材料。

第十三条 设立网络出版服务单位的申请者应自收到批准决定之日起30日内办理注册登记手续：

（一）持批准文件到所在地省、自治区、直辖市出版行政主管部门领取并填写《网络出版服务许可登记表》；

（二）省、自治区、直辖市出版行政主管部门对《网络出版服务许可登记表》审核无误后，在10日内向申请者发放《网络出版服务许可证》；

（三）《网络出版服务许可登记表》一式三份，由申请者和省、自治区、直辖市出版行政主管部门各存一份，另一份由省、自治区、直辖市出版行政主管部门在15日内报送国家新闻出版广电总局备案。

第十四条 《网络出版服务许可证》有效期为5年。有效期届满，需继续从事网络出版服务活动的，应于有效期届满60日前按本规定第十一条的程序提出申请。出版行政主管部门应当在该许可有效期届满前作出是否准予延续的决定。批准的，换发《网络出版服务许可证》。

第十五条 网络出版服务经批准后,申请者应持批准文件、《网络出版服务许可证》到所在地省、自治区、直辖市电信主管部门办理相关手续。

第十六条 网络出版服务单位变更《网络出版服务许可证》许可登记事项、资本结构,合并或者分立,设立分支机构的,应依据本规定第十一条办理审批手续,并应持批准文件到所在地省、自治区、直辖市电信主管部门办理相关手续。

第十七条 网络出版服务单位中止网络出版服务的,应当向所在地省、自治区、直辖市出版行政主管部门备案,并说明理由和期限;网络出版服务单位中止网络出版服务不得超过180日。

网络出版服务单位终止网络出版服务的,应当自终止网络出版服务之日起30日内,向所在地省、自治区、直辖市出版行政主管部门办理注销手续后到省、自治区、直辖市电信主管部门办理相关手续。省、自治区、直辖市出版行政主管部门将相关信息报国家新闻出版广电总局备案。

第十八条 网络出版服务单位自登记之日起满180日未开展网络出版服务的,由原登记的出版行政主管部门注销登记,并报国家新闻出版广电总局备案。同时,通报相关省、自治区、直辖市电信主管部门。

因不可抗力或者其他正当理由发生上述所列情形的,网络出版服务单位可以向原登记的出版行政主管部门申请延期。

第十九条 网络出版服务单位应当在其网站首页上标明出版行政主管部门核发的《网络出版服务许可证》编号。

互联网相关服务提供者在为网络出版服务单位提供人工干预搜索排名、广告、推广等服务时,应当查验服务对象的《网络出版服务许可证》及业务范围。

第二十条 网络出版服务单位应当按照批准的业务范围从事网络出版服务，不得超出批准的业务范围从事网络出版服务。

第二十一条 网络出版服务单位不得转借、出租、出卖《网络出版服务许可证》或以任何形式转让网络出版服务许可。

网络出版服务单位允许其他网络信息服务提供者以其名义提供网络出版服务，属于前款所称禁止行为。

第二十二条 网络出版服务单位实行特殊管理股制度，具体办法由国家新闻出版广电总局另行制定。

第三章 网络出版服务管理

第二十三条 网络出版服务单位实行编辑责任制度，保障网络出版物内容合法。

网络出版服务单位实行出版物内容审核责任制度、责任编辑制度、责任校对制度等管理制度，保障网络出版物出版质量。

在网络上出版其他出版单位已在境内合法出版的作品且不改变原出版物内容的，须在网络出版物的相应页面显著标明原出版单位名称以及书号、刊号、网络出版物号或者网址信息。

第二十四条 网络出版物不得含有以下内容：

（一）反对宪法确定的基本原则的；

（二）危害国家统一、主权和领土完整的；

（三）泄露国家秘密、危害国家安全或者损害国家荣誉和利益的；

（四）煽动民族仇恨、民族歧视，破坏民族团结，或者侵害民族风俗、习惯的；

（五）宣扬邪教、迷信的；

（六）散布谣言，扰乱社会秩序，破坏社会稳定的；

（七）宣扬淫秽、色情、赌博、暴力或者教唆犯罪的；

（八）侮辱或者诽谤他人，侵害他人合法权益的；

（九）危害社会公德或者民族优秀文化传统的；

（十）有法律、行政法规和国家规定禁止的其他内容的。

第二十五条　为保护未成年人合法权益，网络出版物不得含有诱发未成年人模仿违反社会公德和违法犯罪行为的内容，不得含有恐怖、残酷等妨害未成年人身心健康的内容，不得含有披露未成年人个人隐私的内容。

第二十六条　网络出版服务单位出版涉及国家安全、社会安定等方面重大选题的内容，应当按照国家新闻出版广电总局有关重大选题备案管理的规定办理备案手续。未经备案的重大选题内容，不得出版。

第二十七条　网络游戏上网出版前，必须向所在地省、自治区、直辖市出版行政主管部门提出申请，经审核同意后，报国家新闻出版广电总局审批。

第二十八条　网络出版物的内容不真实或不公正，致使公民、法人或者其他组织合法权益受到侵害的，相关网络出版服务单位应当停止侵权，公开更正，消除影响，并依法承担其他民事责任。

第二十九条　国家对网络出版物实行标识管理，具体办法由国家新闻出版广电总局另行制定。

第三十条　网络出版物必须符合国家的有关规定和标准要求，保证出版物质量。

网络出版物使用语言文字，必须符合国家法律规定和有关标准规范。

第三十一条　网络出版服务单位应当按照国家有关规定或技术标准，配备应用必要的设备和系统，建立健全各项管理制度，保障信息安全、内容合法，并为出版行政主管部门依法履行监督管理职责提供技术支持。

第三十二条　网络出版服务单位在网络上提供境外出版物，应当取得著作权合法授权。其中，出版境外著作权人授权的网络游戏，须按本规定第二十七条办理审批手续。

第三十三条　网络出版服务单位发现其出版的网络出版物含有本规定第二十四条、第二十五条所列内容的，应当立即删除，保存有关记录，并向所在地县级以上出版行政主管部门报告。

第三十四条　网络出版服务单位应记录所出版作品的内容及其时间、网址或者域名，记录应当保存60日，并在国家有关部门依法查询时，予以提供。

第三十五条　网络出版服务单位须遵守国家统计规定，依法向出版行政主管部门报送统计资料。

第四章　监督管理

第三十六条　网络出版服务的监督管理实行属地管理原则。

各地出版行政主管部门应当加强对本行政区域内的网络出版服务单位及其出版活动的日常监督管理，履行下列职责：

（一）对网络出版服务单位进行行业监管，对网络出版服务单位违反本规定的情况进行查处并报告上级出版行政主管部门；

（二）对网络出版服务进行监管，对违反本规定的行为进行查处并报告上级出版行政主管部门；

（三）对网络出版物内容和质量进行监管，定期组织内容审读

和质量检查,并将结果向上级出版行政主管部门报告;

(四)对网络出版从业人员进行管理,定期组织岗位、业务培训和考核;

(五)配合上级出版行政主管部门、协调相关部门、指导下级出版行政主管部门开展工作。

第三十七条 出版行政主管部门应当加强监管队伍和机构建设,采取必要的技术手段对网络出版服务进行管理。出版行政主管部门依法履行监督检查等执法职责时,网络出版服务单位应当予以配合,不得拒绝、阻挠。

各省、自治区、直辖市出版行政主管部门应当定期将本行政区域内的网络出版服务监督管理情况向国家新闻出版广电总局提交书面报告。

第三十八条 网络出版服务单位实行年度核验制度,年度核验每年进行一次。省、自治区、直辖市出版行政主管部门负责对本行政区域内的网络出版服务单位实施年度核验并将有关情况报国家新闻出版广电总局备案。年度核验内容包括网络出版服务单位的设立条件、登记项目、出版经营情况、出版质量、遵守法律规范、内部管理情况等。

第三十九条 年度核验按照以下程序进行:

(一)网络出版服务单位提交年度自检报告,内容包括:本年度政策法律执行情况,奖惩情况,网站出版、管理、运营绩效情况,网络出版物目录,对年度核验期内的违法违规行为的整改情况,编辑出版人员培训管理情况等;并填写由国家新闻出版广电总局统一印制的《网络出版服务年度核验登记表》,与年度自检报告一并报所在地省、自治区、直辖市出版行政主管部门;

(二)省、自治区、直辖市出版行政主管部门对本行政区域内的网络出版服务单位的设立条件、登记项目、开展业务及执行法规等情况进行全面审核,并在收到网络出版服务单位的年度自检报告和《网络出版服务年度核验登记表》等年度核验材料的45日内完成全面审核查验工作。对符合年度核验要求的网络出版服务单位予以登记,并在其《网络出版服务许可证》上加盖年度核验章;

(三)省、自治区、直辖市出版行政主管部门应于完成全面审核查验工作的15日内将年度核验情况及有关书面材料报国家新闻出版广电总局备案。

第四十条 有下列情形之一的,暂缓年度核验:

(一)正在停业整顿的;

(二)违反出版法规规章,应予处罚的;

(三)未按要求执行出版行政主管部门相关管理规定的;

(四)内部管理混乱,无正当理由未开展实质性网络出版服务活动的;

(五)存在侵犯著作权等其他违法嫌疑需要进一步核查的。

暂缓年度核验的期限由省、自治区、直辖市出版行政主管部门确定,报国家新闻出版广电总局备案,最长不得超过180日。暂缓年度核验期间,须停止网络出版服务。

暂缓核验期满,按本规定重新办理年度核验手续。

第四十一条 已经不具备本规定第八条、第九条规定条件的,责令限期改正;逾期仍未改正的,不予通过年度核验,由国家新闻出版广电总局撤销《网络出版服务许可证》,所在地省、自治区、直辖市出版行政主管部门注销登记,并通知当地电信主管部门依法处理。

第四十二条 省、自治区、直辖市出版行政主管部门可根据实际情况,对本行政区域内的年度核验事项进行调整,相关情况报国家新闻出版广电总局备案。

第四十三条 省、自治区、直辖市出版行政主管部门可以向社会公布年度核验结果。

第四十四条 从事网络出版服务的编辑出版等相关专业技术人员及其负责人应当符合国家关于编辑出版等相关专业技术人员职业资格管理的有关规定。

网络出版服务单位的法定代表人或主要负责人应按照有关规定参加出版行政主管部门组织的岗位培训，并取得国家新闻出版广电总局统一印制的《岗位培训合格证书》。未按规定参加岗位培训或培训后未取得《岗位培训合格证书》的，不得继续担任法定代表人或主要负责人。

第五章 保障与奖励

第四十五条 国家制定有关政策，保障、促进网络出版服务业的发展与繁荣。鼓励宣传科学真理、传播先进文化、倡导科学精神、塑造美好心灵、弘扬社会正气等有助于形成先进网络文化的网络出版服务，推动健康文化、优秀文化产品的数字化、网络化传播。

网络出版服务单位依法从事网络出版服务，任何组织和个人不得干扰、阻止和破坏。

第四十六条 国家支持、鼓励下列优秀的、重点的网络出版物的出版：

（一）对阐述、传播宪法确定的基本原则有重大作用的；

（二）对弘扬社会主义核心价值观，进行爱国主义、集体主义、社会主义和民族团结教育以及弘扬社会公德、职业道德、家庭美德、个人品德有重要意义的；

（三）对弘扬民族优秀文化，促进国际文化交流有重大作用的；

（四）具有自主知识产权和优秀文化内涵的；

（五）对推进文化创新，及时反映国内外新的科学文化成果有重大贡献的；

（六）对促进公共文化服务有重大作用的；

（七）专门以未成年人为对象、内容健康的或者其他有利于未成年人健康成长的；

（八）其他具有重要思想价值、科学价值或者文化艺术价值的。

第四十七条　对为发展、繁荣网络出版服务业作出重要贡献的单位和个人，按照国家有关规定给予奖励。

第四十八条　国家保护网络出版物著作权人的合法权益。网络出版服务单位应当遵守《中华人民共和国著作权法》、《信息网络传播权保护条例》、《计算机软件保护条例》等著作权法律法规。

第四十九条　对非法干扰、阻止和破坏网络出版物出版的行为，出版行政主管部门及其他有关部门，应当及时采取措施，予以制止。

第六章　法律责任

第五十条　网络出版服务单位违反本规定的，出版行政主管部门可以采取下列行政措施：

（一）下达警示通知书；

（二）通报批评、责令改正；

（三）责令公开检讨；

（四）责令删除违法内容。

警示通知书由国家新闻出版广电总局制定统一格式,由出版行政主管部门下达给相关网络出版服务单位。

本条所列的行政措施可以并用。

第五十一条　未经批准,擅自从事网络出版服务,或者擅自上网出版网络游戏(含境外著作权人授权的网络游戏),根据《出版管理条例》第六十一条、《互联网信息服务管理办法》第十九条的规定,由出版行政主管部门、工商行政管理部门依照法定职权予以取缔,并由所在地省级电信主管部门依据有关部门的通知,按照《互联网信息服务管理办法》第十九条的规定给予责令关闭网站等处罚;已经触犯刑法的,依法追究刑事责任;尚不够刑事处罚的,删除全部相关网络出版物,没收违法所得和从事违法出版活动的主要设备、专用工具,违法经营额1万元以上的,并处违法经营额5倍以上10倍以下的罚款;违法经营额不足1万元的,可以处5万元以下的罚款;侵犯他人合法权益的,依法承担民事责任。

第五十二条　出版、传播含有本规定第二十四条、第二十五条禁止内容的网络出版物的,根据《出版管理条例》第六十二条、《互联网信息服务管理办法》第二十条的规定,由出版行政主管部门责令删除相关内容并限期改正,没收违法所得,违法经营额1万元以上的,并处违法经营额5倍以上10倍以下罚款;违法经营额不足1万元的,可以处5万元以下罚款;情节严重的,责令限期停业整顿或者由国家新闻出版广电总局吊销《网络出版服务许可证》,由电信主管部门依据出版行政主管部门的通知吊销其电信业务经营许可或者责令关闭网站;构成犯罪的,依法追究刑事责任。

为从事本条第一款行为的网络出版服务单位提供人工干预搜索排名、广告、推广等相关服务的,由出版行政主管部门责令其停止提供相关服务。

第五十三条 违反本规定第二十一条的,根据《出版管理条例》第六十六条的规定,由出版行政主管部门责令停止违法行为,给予警告,没收违法所得,违法经营额1万元以上的,并处违法经营额5倍以上10倍以下的罚款;违法经营额不足1万元的,可以处5万元以下的罚款;情节严重的,责令限期停业整顿或者由国家新闻出版广电总局吊销《网络出版服务许可证》。

第五十四条 有下列行为之一的,根据《出版管理条例》第六十七条的规定,由出版行政主管部门责令改正,给予警告;情节严重的,责令限期停业整顿或者由国家新闻出版广电总局吊销《网络出版服务许可证》:

(一)网络出版服务单位变更《网络出版服务许可证》登记事项、资本结构,超出批准的服务范围从事网络出版服务,合并或者分立,设立分支机构,未依据本规定办理审批手续的;

(二)网络出版服务单位未按规定出版涉及重大选题出版物的;

(三)网络出版服务单位擅自中止网络出版服务超过180日的;

(四)网络出版物质量不符合有关规定和标准的。

第五十五条 违反本规定第三十四条的,根据《互联网信息服务管理办法》第二十一条的规定,由省级电信主管部门责令改正;情节严重的,责令停业整顿或者暂时关闭网站。

第五十六条 网络出版服务单位未依法向出版行政主管部门报送统计资料的,依据《新闻出版统计管理办法》处罚。

第五十七条 网络出版服务单位违反本规定第二章规定,以欺骗或者贿赂等不正当手段取得许可的,由国家新闻出版广电总局撤销其相应许可。

第五十八条 有下列行为之一的,由出版行政主管部门责令改正,予以警告,并处3万元以下罚款:

（一）违反本规定第十条，擅自与境内外中外合资经营、中外合作经营和外资经营的企业进行涉及网络出版服务业务的合作的；

（二）违反本规定第十九条，未标明有关许可信息或者未核验有关网站的《网络出版服务许可证》的；

（三）违反本规定第二十三条，未按规定实行编辑责任制度等管理制度的；

（四）违反本规定第三十一条，未按规定或标准配备应用有关系统、设备或未健全有关管理制度的；

（五）未按本规定要求参加年度核验的；

（六）违反本规定第四十四条，网络出版服务单位的法定代表人或主要负责人未取得《岗位培训合格证书》的；

（七）违反出版行政主管部门关于网络出版其他管理规定的。

第五十九条　网络出版服务单位违反本规定被处以吊销许可证行政处罚的，其法定代表人或者主要负责人自许可证被吊销之日起10年内不得担任网络出版服务单位的法定代表人或者主要负责人。

从事网络出版服务的编辑出版等相关专业技术人员及其负责人违反本规定，情节严重的，由原发证机关吊销其资格证书。

第七章　附　则

第六十条　本规定所称出版物内容审核责任制度、责任编辑制度、责任校对制度等管理制度，参照《图书质量保障体系》的有关规定执行。

第六十一条　本规定自2016年3月10日起施行。原国家新闻出版总署、信息产业部2002年6月27日颁布的《互联网出版管理暂行规定》同时废止。

新闻出版保密规定

(1992年6月13日,国家保密局、中央对外宣传小组、新闻出版署、广播电影电视部公布)

第一章 总 则

第一条 为在新闻出版工作中保守国家秘密,根据《中华人民共和国保守国家秘密法》第二十条,制定本规定。

第二条 本规定适用于报刊、新闻电讯、书籍、地图、图文资料、声像制品的出版和发行以及广播节目、电视节目、电影的制作和播放。

第三条 新闻出版的保密工作,坚持贯彻既保守国家秘密又有利于新闻出版工作正常进行的方针。

第四条 新闻出版单位及其采编人员和提供信息单位及其有关人员应当加强联系,协调配合,执行保密法规,遵守保密制度,共同做好新闻出版的保密工作。

第二章 保密制度

第五条 新闻出版单位和提供信息的单位,应当根据国家保密法规，建立健全新闻出版保密审查制度。

第六条　新闻出版保密审查实行自审与送审相结合的制度。

第七条　新闻出版单位和提供信息的单位，对拟公开出版、报道的信息，应当按照有关的保密规定进行自审；对是否涉及国家秘密界限不清的信息，应当送交有关主管部门或其上级机关、单位审定。

第八条　新闻出版单位及其采编人员需向有关部门反映或通报的涉及国家秘密的信息，应当通过内部途径进行，并对反映或通报的信息按照有关规定作出国家秘密的标志。

第九条　被采访单位、被采访人向新闻出版单位的采编人员提供有关信息时，对其中确因工作需要而又涉及国家秘密的事项，应当事先按照有关规定的程序批准，并采编人员申明；新闻出版单位及其采编人员对被采访单位、被采访人申明属于国家秘密的事项，不得公开报道、出版。

对涉及国家秘密但确需公开报道、出版的信息，新闻出版单位应当向有关主管部门建议解密或者采取删节、改编、隐去等保密措施，并经有关主管部门审定。

第十条　新闻出版单位采访涉及国家秘密的会议或其他活动，应当经主办单位批准。主办单位应当验明采访人员的工作身份，指明哪些内容不得公开报道、出版，并对拟公开报道、出版的内容进行审定。

第十一条　为了防止泄露国家秘密又利于新闻出版工作的正常进行，中央国家机关各部门和其他有关单位，应当根据各自业务工作的性质，加强与新闻出版单位的联系，建立提供信息的正常渠道，健全新闻发布制度，适时通报宣传口径。

第十二条　有关机关、单位应当指定有权代表本机关、单位的审稿机构和审稿人,负责对新闻出版单位送审的稿件是否涉及国家秘密进行审定。对是否涉及国家秘密界限不清的内容,应当报请上级机关、单位审定;涉及其他单位工作中国家秘密的,应当负责征求有关单位的意见。

第十三条 有关机关、单位审定送审的稿件时,应当满足新闻出版单位提出的审定时限的要求,遇有特殊情况不能在所要求的时限内完成审定的,应当及时向送审稿件的新闻出版单位说明,并共同商量解决办法。

第十四条 个人拟向新闻出版单位提供公开报道、出版的信息,凡涉及本系统、本单位业务工作的或对是否涉及国家秘密界限不清的,应当事先经本单位或其上级机关、单位审定。

第十五条 个人拟向境外新闻出版机构提供报道、出版涉及国家政治、经济、外交、科技、军事方面内容的,应当事先经过本单位或其上级机关、单位审定。向境外投寄稿件,应当按照国家有关规定办理。

第三章 泄密的查处

第十六条 国家工作人员或其他公民发现国家秘密被非法报道、出版时,应当及时报告有关机关、单位或保密工作部门。

泄密事件所涉及的新闻出版单位和有关单位,应当主动联系,共同采取补救措施。

第十七条 新闻出版活动中发生的泄密事件,由有关责任单位负责及时调查;责任暂时不清的,由有关保密工作部门决定自行调查或者指定有关单位调查。

第十八条 对泄露国家秘密的责任单位、责任人,应当按照有关法律和规定严肃处理。

第十九条 新闻出版工作中因泄密问题需要对出版物停发、停办或者收缴以及由此造成的经济损失，应当按照有关主管部门的规定处理。

新闻出版单位及其采编人员和提供信息的单位及其有关人员因泄露国家秘密所获得的非法收入，应当依法没收并上缴国家财政。

第四章 附 则

第二十条 新闻出版工作中，各有关单位因有关信息是否属于国家秘密问题发生争执的，由保密工作部门会同有关主管部门依据保密法规确定。

第二十一条 本规定所称的"信息"可以语言、文字、符号、图表、图像等形式表现。

第二十二条 本规定由国家保密局负责解释。

第二十三条 本规定自1992年10月1日起施行。

附　录

关于禁止有偿新闻的若干规定

中宣发〔1997〕2号

（1997年1月15日，中央宣传部、广播电影电视部、新闻出版署、中华全国新闻工作者协会公布）

各省、自治区、直辖市党委宣传部、广播电视厅（局）、新闻出版局、记协、中央各主要新闻单位：

《中共中央关于加强社会主义精神文明建设若干重要问题的决议》明确指出："建立健全规章制度，加强队伍的教育和管理。严格禁止有偿新闻、买卖书号、无理索取高额报酬。"为贯彻落实《决议》精神，加强新闻队伍职业道德建设，禁止有偿新闻，维护新闻工作的信誉和新闻队伍的良好形象，树立敬业奉献、清正廉洁的行业新风，根据中宣部、新闻出版署颁布的有关规定，结合新的形势，重申并制定如下规定：

一、新闻单位采集、编辑、发表新闻，不得以任何形式收取费用。新闻工作者不得以任何名义向采访报道对象索要钱物，不得接受采访报道对象以任何名义提供的钱物、有价证券、信用卡等。

二、新闻工作者不得以任何名义向采访报道对象借用、试用车辆、住房、家用电器、通讯工具等物品。

三、新闻工作者参加新闻发布会和企业开业、产品上市以及其他庆典活动，不得索取和接受各种形式的礼金。

四、新闻单位在职记者、编辑不得在其他企事业单位兼职以获取报酬；未经本单位领导批准，不得受聘担任其他新闻单位的兼职记者、特约记者或特约撰稿人。

五、新闻工作者个人不得擅自组团进行采访报道活动。

六、新闻工作者在采访活动中不得提出工作以外个人生活方面的特殊要求，严禁讲排场、比阔气、挥霍公款。

七、新闻工作者不得利用职务之便要求他人为自己办私事，严禁采取"公开曝光"、"编发内参"等方式要挟他人以达到个人目的。

八、新闻报道与广告必须严格区别，新闻报道不得收取任何费用，不得以新闻报道形式为企业或产品做广告。凡收取费用的专版、专刊、专页、专栏、节目等，均属广告，必须有广告标识，与其他非广告信息相区别。

九、新闻报道与赞助必须严格区分，不得利用采访和发表新闻报道拉赞助。新闻单位必须把各种形式的赞助费，或因举办"征文"、"竞赛"、"专题节目"等得到的"协办经费"，纳入本单位财务统一管理，合理使用，定期审计。在得到赞助或协办的栏目、节目中，只可刊播赞助或协办单位的名称，不得以文字、语言、图象等形式宣传赞助或协办单位的形象和产品。

十、新闻报道与经营活动必须严格分开。新闻单位应由专职人员从事广告等经营业务，不得向编采部门下达经营创收任务。记者、编辑不得从事广告和其他经营活动。

各新闻单位要根据上述规定，结合本单位实际，制定实施细则，认真贯彻执行。

　　要建立健全内部监督制度，发挥纪检、监察部门作用，确保规定落到实处。要接受社会监督，中华全国新闻工作者协会和各新闻单位要分别向社会公布举报电话，确定专人负责，认真受理。对违反上述规定的个人，由新闻单位和主管部门没收其违规收入，并视情节轻重，给予批评教育、通报批评、党纪政纪处分，直至开除，触犯法律的移送司法机关处理。对严重违反规定的单位，由广播电影电视部和新闻出版署给予行政处罚。要选择典型案例公开报道，推动禁止有偿新闻的工作深入持久地进行，务求取得实效。

报纸出版管理规定

新闻出版总署令

第 32 号

《报纸出版管理规定》已经 2005 年 9 月 20 日新闻出版总署第 1 次署务会议通过，现予公布，自 2005 年 12 月 1 日起施行。

新闻出版总署署长
二〇〇五年九月三十日

第一章 总　则

第一条 为促进我国报业的发展与繁荣，规范报纸出版活动，加强报纸出版管理，根据国务院《出版管理条例》及相关法律法规，制定本规定。

第二条 在中华人民共和国境内从事报纸出版活动，适用本规定。

报纸由依法设立的报纸出版单位出版。报纸出版单位出版报纸，必须经新闻出版总署批准，持有国内统一连续出版物号，领取《报纸出版许可证》。

本规定所称报纸，是指有固定名称、刊期、开版，以新闻与时事评论为主要内容，每周至少出版一期的散页连续出版物。

本规定所称报纸出版单位，是指依照国家有关规定设立，经新闻出版总署批准并履行登记注册手续的报社。法人出版报纸不设立报社的，其设立的报纸编辑部视为报纸出版单位。

第三条 报纸出版必须坚持马克思列宁主义、毛泽东思想、邓小平理论和"三个代表"重要思想，坚持正确的舆论导向和出版方向，坚持把社会效益放在首位、社会效益和经济效益相统一和贴近实际、贴近群众、贴近生活的原则，为建设中国特色社会主义营造良好氛围，丰富广大人民群众的精神文化生活。

第四条 新闻出版总署负责全国报纸出版活动的监督管理工作，制定并实施全国报纸出版的总量、结构、布局的规划，建立健全报纸出版质量综合评估制度、报纸年度核验制度以及报纸出版退出机制等监督管理制度。

地方各级新闻出版行政部门负责本行政区域内的报纸出版活动的监督管理工作。

第五条 报纸出版单位负责报纸的编辑、出版等报纸出版活动。

报纸出版单位合法的出版活动受法律保护。任何组织和个人不得非法干扰、阻止、破坏报纸的出版。

第六条 新闻出版总署对为我国报业繁荣和发展做出突出贡献的报纸出版单位及个人实施奖励。

第七条 报纸出版行业的社会团体按照其章程，在新闻出版行政部门的指导下，实行自律管理。

第二章 报纸创办与报纸出版单位设立

第八条 创办报纸、设立报纸出版单位,应当具备下列条件:

(一)有确定的、不与已有报纸重复的名称;

(二)有报纸出版单位的名称、章程;

(三)有符合新闻出版总署认定条件的主管、主办单位;

(四)有确定的报纸出版业务范围;

(五)有30万元以上的注册资本;

(六)有适应业务范围需要的组织机构和符合国家规定资格条件的新闻采编专业人员;

(七)有与主办单位在同一行政区域的固定的工作场所;

(八)有符合规定的法定代表人或者主要负责人,该法定代表人或者主要负责人必须是在境内长久居住的中国公民;

(九)法律、行政法规规定的其他条件。

除前款所列条件外,还须符合国家对报纸及报纸出版单位总量、结构、布局的规划。

第九条 中央在京单位创办报纸并设立报纸出版单位,经主管单位同意后,由主办单位报新闻出版总署审批。

中国人民解放军和中国人民武装警察部队系统创办报纸并设立报纸出版单位,由中国人民解放军总政治部宣传部新闻出版局审核同意后报新闻出版总署审批。

其他单位创办报纸并设立报纸出版单位,经主管单位同意后,由主办单位向所在地省、自治区、直辖市新闻出版行政部门提出申请,省、自治区、直辖市新闻出版行政部门审核同意后,报新闻出版总署审批。

第十条 两个以上主办单位合办报纸,须确定一个主要主办单位,并由主要主办单位提出申请。

报纸的主要主办单位应为其主管单位的隶属单位。报纸出版单位和主要主办单位须在同一行政区域。

第十一条 创办报纸、设立报纸出版单位,由报纸出版单位的主办单位提出申请,并提交以下材料:

(一)按要求填写的《报纸出版申请表》;

(二)主办单位、主管单位的有关资质证明材料;

(三)拟任报纸出版单位法定代表人或者主要负责人的简历、身份证明文件及国家有关部门颁发的职业资格证书;

(四)新闻采编人员的职业资格证书;

(五)报纸出版单位办报资金来源及数额的相关证明文件;

(六)报纸出版单位的章程;

(七)工作场所使用证明;

(八)报纸出版可行性论证报告。

第十二条 新闻出版总署自收到创办报纸、设立报纸出版单位申请之日起90日内,作出批准或者不批准的决定,并直接或者由省、自治区、直辖市新闻出版行政部门书面通知主办单位;不批准的,应当说明理由。

第十三条 报纸主办单位应当自收到新闻出版总署批准决定之日起60日内办理注册登记手续:

(一)持批准文件到所在地省、自治区、直辖市新闻出版行政部门领取并填写《报纸出版登记表》,经主管单位审核签章后,报所在地省、自治区、直辖市新闻出版行政部门;

(二)《报纸出版登记表》一式五份,由报纸出版单位、主办单位、主管单位及省、自治区、直辖市新闻出版行政部门各存一

份,另一份由省、自治区、直辖市新闻出版行政部门在15日内报送新闻出版总署备案;

(三)省、自治区、直辖市新闻出版行政部门对《报纸出版登记表》审核无误后,在10日内向主办单位发放《报纸出版许可证》,并编入国内统一连续出版物号;

(四)报纸出版单位持《报纸出版许可证》到工商行政管理部门办理登记手续,依法领取营业执照。

第十四条　报纸主办单位自收到新闻出版总署的批准文件之日起60日内未办理注册登记手续,批准文件自行失效,登记机关不再受理登记,报纸主办单位须把有关批准文件缴回新闻出版总署。

报纸出版单位自登记之日起满90日未出版报纸的,由新闻出版总署撤销《报纸出版许可证》,并由原登记的新闻出版行政部门注销登记。

因不可抗力或者其他正当理由发生前款所列情形的,报纸出版单位的主办单位可以向原登记的新闻出版行政部门申请延期。

第十五条　报社应当具备法人条件,经核准登记后,取得法人资格,以其全部法人财产独立承担民事责任。

报纸编辑部不具有法人资格,其民事责任由其主办单位承担。

第十六条　报纸出版单位变更名称、合并或者分立,改变资本结构,出版新的报纸,依照本规定第九条至第十三条的规定办理审批、登记手续。

第十七条　报纸变更名称、主办单位、主管单位、刊期、业务范围,依照本规定第九条至第十三条的规定办理审批、登记手续。

报纸变更刊期,新闻出版总署可以委托省、自治区、直辖市新闻出版行政部门审批。

本规定所称业务范围包括办报宗旨、文种。

第十八条　报纸变更开版，经主办单位审核同意后，由报纸出版单位报所在地省、自治区、直辖市新闻出版行政部门批准。

第十九条　报纸出版单位变更单位地址、法定代表人或者主要负责人、报纸承印单位，经其主办单位审核同意后，由报纸出版单位在15日内向所在地省、自治区、直辖市新闻出版行政部门备案。

第二十条　报纸休刊连续超过10日的，报纸出版单位须向所在地省、自治区、直辖市新闻出版行政部门办理休刊备案手续，说明休刊理由和休刊期限。

报纸休刊时间不得超过180日。报纸休刊超过180日仍不能正常出版的，由新闻出版总署撤销《报纸出版许可证》，并由所在地省、自治区、直辖市新闻出版行政部门注销登记。

第二十一条　报纸出版单位终止出版活动的，经主管单位同意后，由主办单位向所在地省、自治区、直辖市新闻出版行政部门办理注销登记，并由省、自治区、直辖市新闻出版行政部门报新闻出版总署备案。

第二十二条　报纸注销登记，以同一名称设立的报纸出版单位须与报纸同时注销，并到原登记的工商行政管理部门办理注销登记。

注销登记的报纸和报纸出版单位不得再以该名称从事出版、经营活动。

第二十三条　中央报纸出版单位组建报业集团，由新闻出版总署批准；地方报纸出版单位组建报业集团，向所在地省、自治区、直辖市新闻出版行政部门提出申请，经审核同意后，报新闻出版总署批准。

第三章　报纸的出版

第二十四条　报纸出版实行编辑责任制度，保障报纸刊载内容符合国家法律、法规的规定。

第二十五条 报纸不得刊载《出版管理条例》和其他有关法律、法规以及国家规定的禁止内容。

第二十六条 报纸开展新闻报道必须坚持真实、全面、客观、公正的原则，不得刊载虚假、失实报道。

报纸刊载虚假、失实报道，致使公民、法人或者其他组织的合法权益受到侵害的，其出版单位应当公开更正，消除影响，并依法承担相应民事责任。

报纸刊载虚假、失实报道，致使公民、法人或者其他组织的合法权益受到侵害的，当事人有权要求更正或者答辩，报纸应当予以发表；拒绝发表的，当事人可以向人民法院提出诉讼。

报纸因刊载虚假、失实报道而发表的更正或者答辩应自虚假、失实报道发现或者当事人要求之日起，在其最近出版的一期报纸的相同版位上发表。

报纸刊载虚假或者失实报道，损害公共利益的，新闻出版总署或者省、自治区、直辖市新闻出版行政部门可以责令该报纸出版单位更正。

第二十七条 报纸发表或者摘转涉及国家重大政策、民族宗教、外交、军事、保密等内容，应严格遵守有关规定。

报纸转载、摘编互联网上的内容，必须按照有关规定对其内容进行核实，并在刊发的明显位置标明下载文件网址、下载日期等。

第二十八条 报纸发表新闻报道，必须刊载作者的真实姓名。

第二十九条 报纸出版质量须符合国家标准和行业标准。报纸使用语言文字须符合国家有关规定。

第三十条 报纸出版须与《报纸出版许可证》的登记项目相

符，变更登记项目须按本规定办理审批或者备案手续。

第三十一条 报纸出版时须在每期固定位置标示以下版本记录：

（一）报纸名称；

（二）报纸出版单位、主办单位、主管单位名称；

（三）国内统一连续出版物号；

（四）总编辑（社长）姓名；

（五）出版日期、总期号、版数、版序；

（六）报纸出版单位地址、电话、邮政编码；

（七）报纸定价（号外须注明"免费赠阅"字样）；

（八）印刷单位名称、地址；

（九）广告经营许可证号；

（十）国家规定的涉及公共利益或者行业标准的其他标识。

第三十二条 一个国内统一连续出版物号只能对应出版一种报纸，不得用同一国内统一连续出版物号出版不同版本的报纸。

出版报纸地方版、少数民族文字版、外文版等不同版本（文种）的报纸，须按创办新报纸办理审批手续。

第三十三条 同一种报纸不得以不同开版出版。

报纸所有版页须作为一个整体出版发行，各版页不得单独发行。

第三十四条 报纸专版、专刊的内容应与报纸的宗旨、业务范围相一致，专版、专刊的刊头字样不得明显于报纸名称。

第三十五条 报纸在正常刊期之外可出版增期。出版增期应按变更刊期办理审批手续。

增期的内容应与报纸的业务范围相一致；增期的开版、文种、发行范围、印数应与主报一致,并随主报发行。

第三十六条 报纸出版单位因重大事件可出版号外;出版号外须在报头注明"号外"字样,号外连续出版不得超过 3 天。

报纸出版单位须在号外出版后 15 日内向所在地省、自治区、直辖市新闻出版行政部门备案,并提交所有号外样报。

第三十七条 报纸出版单位不得出卖、出租、转让本单位名称及所出版报纸的刊号、名称、版面,不得转借、转让、出租和出卖《报纸出版许可证》。

第三十八条 报纸刊登广告须在报纸明显位置注明"广告"字样,不得以新闻形式刊登广告。

报纸出版单位发布广告应依据法律、行政法规查验有关证明文件,核实广告内容,不得刊登有害的、虚假的等违法广告。

报纸的广告经营者限于在合法授权范围内开展广告经营、代理业务,不得参与报纸的采访、编辑等出版活动。

第三十九条 报纸出版单位不得在报纸上刊登任何形式的有偿新闻。

报纸出版单位及其工作人员不得利用新闻报道牟取不正当利益,不得索取、接受采访报道对象及其利害关系人的财物或者其他利益。

第四十条 报纸采编业务和经营业务必须严格分开。

新闻采编业务部门及其工作人员不得从事报纸发行、广告等经营活动;经营部门及其工作人员不得介入新闻采编业务。

第四十一条 报纸出版单位的新闻采编人员从事新闻采访活动,必须持有新闻出版总署统一核发的新闻记者证,并遵守新闻出版总署《新闻记者证管理办法》的有关规定。

第四十二条 报纸出版单位根据新闻采访工作的需要,可以依照新闻出版总署《报社记者站管理办法》设立记者站,开展新闻业务活动。

第四十三条 报纸出版单位不得以不正当竞争行为或者方式开展经营活动,不得利用权力摊派发行报纸。

第四十四条 报纸出版单位须遵守国家统计法规,依法向新闻出版行政部门报送统计资料。

报纸出版单位应配合国家认定的出版物发行数据调查机构进行报纸发行量数据调查,提供真实的报纸发行数据。

第四十五条 报纸出版单位须按照国家有关规定向国家图书馆、中国版本图书馆和新闻出版总署以及所在地省、自治区、直辖市新闻出版行政部门缴送报纸样本。

第四章 监督管理

第四十六条 报纸出版活动的监督管理实行属地原则。

省、自治区、直辖市新闻出版行政部门依法负责本行政区域报纸和报纸出版单位的登记、年度核验、质量评估、行政处罚等工作,对本行政区域的报纸出版活动进行监督管理。

其他地方新闻出版行政部门依法对本行政区域内报纸出版单位及其报纸出版活动进行监督管理。

第四十七条 报纸出版管理实施报纸出版事后审读制度、报纸出版质量评估制度、报纸出版年度核验制度和报纸出版从业人员资格管理制度。

报纸出版单位应当按照新闻出版总署的规定,将从事报纸出版活动的情况向新闻出版行政部门提出书面报告。

第四十八条 新闻出版总署负责全国报纸审读工作。地方各级新闻出版行政部门负责对本行政区域内出版的报纸进行审读。下级新闻出版行政部门要定期向上一级新闻出版行政部门提交审读报告。

主管单位须对其主管的报纸进行审读，定期向所在地新闻出版行政部门报送审读报告。

报纸出版单位应建立报纸阅评制度，定期写出阅评报告。新闻出版行政部门根据管理工作需要，可以随时调阅、检查报纸出版单位的阅评报告。

第四十九条 新闻出版总署制定报纸出版质量综合评估标准体系，对报纸出版质量进行全面评估。

经报纸出版质量综合评估，报纸出版质量未达到规定标准或者不能维持正常出版活动的，由新闻出版总署撤销《报纸出版许可证》，所在地省、自治区、直辖市新闻出版行政部门注销登记。

第五十条 省、自治区、直辖市新闻出版行政部门负责对本行政区域的报纸出版单位实施年度核验。年度核验内容包括报纸出版单位及其所出版报纸登记项目、出版质量、遵纪守法情况、新闻记者证和记者站管理等。

第五十一条 年度核验按照以下程序进行：

（一）报纸出版单位提出年度自检报告，填写由新闻出版总署统一印制的《报纸出版年度核验表》，经报纸主办单位、主管单位审核盖章后，连同核验之日前连续出版的30期样报，在规定时间内报所在地省、自治区、直辖市新闻出版行政部门；

（二）省、自治区、直辖市新闻出版行政部门对报纸出版单位自检报告、《报纸出版年度核验表》等送检材料审核查验；

（三）经核验符合规定标准的，省、自治区、直辖市新闻出版行政部门在其《报纸出版许可证》上加盖年度核验章；《报纸出版许可证》上加盖年度核验章即为通过年度核验，报纸出版单位可以继续从事报纸出版活动；

（四）省、自治区、直辖市新闻出版行政部门自完成报纸出版年度核验工作后的 30 日内，向新闻出版总署提交报纸年度核验工作报告。

第五十二条 有下列情形之一的，暂缓年度核验：

（一）正在限期停刊整顿的；

（二）经审核发现有违法情况应予处罚的；

（三）主管单位、主办单位未履行管理责任，导致报纸出版管理混乱的；

（四）存在其他违法嫌疑需要进一步核查的。

暂缓年度核验的期限由省、自治区、直辖市新闻出版行政部门确定，报新闻出版总署备案。缓验期满，按照本规定第五十条、第五十一条重新办理年度核验。

第五十三条 有下列情形之一的，不予通过年度核验：

（一）违法行为被查处后拒不改正或者没有明显整改效果的；

（二）报纸出版质量长期达不到规定标准的；

（三）经营恶化已经资不抵债的；

（四）已经不具备本规定第八条规定条件的。

不予通过年度核验的，由新闻出版总署撤销《报纸出版许可证》，所在地省、自治区、直辖市新闻出版行政部门注销登记。

未通过年度核验的，报纸出版单位自第二年起停止出版该报纸。

第五十四条 《报纸出版许可证》加盖年度核验章后方可继续使用。有关部门在办理报纸出版、印刷、发行等手续时，对未加盖年度核验章的《报纸出版许可证》不予采用。

不按规定参加年度核验的报纸出版单位，经催告仍未参加年度核验的，由新闻出版总署撤销《报纸出版许可证》，所在地省、自治区、直辖市新闻出版行政部门注销登记。

第五十五条　年度核验结果，核验机关可以向社会公布。

第五十六条　报纸出版从业人员，应具备国家规定的新闻出版职业资格条件。

第五十七条　报纸出版单位的社长、总编辑须符合国家规定的任职资格和条件。

报纸出版单位的社长、总编辑须参加新闻出版行政部门组织的岗位培训。

报纸出版单位的新任社长、总编辑须经过岗位培训合格后才能上岗。

第五章　法律责任

第五十八条　报纸出版单位违反本规定的，新闻出版行政部门视其情节轻重，可采取下列行政措施：

（一）下达警示通知书；

（二）通报批评；

（三）责令公开检讨；

（四）责令改正；

（五）责令停止印制、发行报纸；

（六）责令收回报纸；

（七）责成主办单位、主管单位监督报纸出版单位整改。

警示通知书由新闻出版总署制定统一格式，由新闻出版总署或者省、自治区、直辖市新闻出版行政部门下达给违法的报纸出版单位,并抄送违法报纸出版单位的主办单位及其主管单位。

本条所列行政措施可以并用。

第五十九条 未经批准,擅自设立报纸出版单位,或者擅自从事报纸出版业务,假冒报纸出版单位名称或者伪造、假冒报纸名称出版报纸的,依照《出版管理条例》第五十五条处罚。

第六十条 出版含有《出版管理条例》和其他有关法律、法规以及国家规定禁载内容报纸的,依照《出版管理条例》第五十六条处罚。

第六十一条 报纸出版单位违反本规定第三十七条的,依照《出版管理条例》第六十条处罚。

报纸出版单位允许或者默认广告经营者参与报纸的采访、编辑等出版活动,按前款处罚。

第六十二条 报纸出版单位有下列行为之一的,依照《出版管理条例》第六十一条处罚:

(一)报纸出版单位变更名称、合并或者分立,改变资本结构,出版新的报纸,未依照本规定办理审批手续的;

(二)报纸变更名称、主办单位、主管单位、刊期、业务范围、开版,未依照本规定办理审批手续的;

(三)报纸出版单位未依照本规定缴送报纸样本的。

第六十三条 报纸出版单位有下列行为之一的,由新闻出版总署或者省、自治区、直辖市新闻出版行政部门给予警告,并处3万元以下罚款:

(一)报纸出版单位变更单位地址、法定代表人或者主要负责人、承印单位,未按照本规定第十九条报送备案的;

(二)报纸休刊,未按照本规定第二十条报送备案的;

（三）刊载损害公共利益的虚假或者失实报道，拒不执行新闻出版行政部门更正命令的；

（四）在其报纸上发表新闻报道未登载作者真实姓名的；

（五）违反本规定第二十七条发表或者摘转有关文章的；

（六）未按照本规定第三十一条刊登报纸版本记录的；

（七）违反本规定第三十二条，"一号多版"的；

（八）违反本规定第三十三条，出版不同开版的报纸或者部分版页单独发行的；

（九）违反本规定关于出版报纸专版、专刊、增期、号外的规定的；

（十）报纸刊登广告未在明显位置注明"广告"字样，或者以新闻形式刊登广告的；

（十一）刊登有偿新闻或者违反本规定第三十九条其他规定的；

（十二）违反本规定第四十三条，以不正当竞争行为开展经营活动或者利用权力摊派发行的。

第六十四条　报纸出版单位新闻采编人员违反新闻记者证的有关规定，依照新闻出版总署《新闻记者证管理办法》的规定处罚。

第六十五条　报纸出版单位违反报社记者站的有关规定，依照新闻出版总署《报社记者站管理办法》的规定处罚。

第六十六条　对报纸出版单位做出行政处罚，应告知其主办单位和主管单位，可以通过媒体向社会公布。

对报纸出版单位做出行政处罚，新闻出版行政部门可以建议其主办单位或者主管单位对直接责任人和主要负责人予以行政处分或者调离岗位。

第六章 附 则

第六十七条 以非新闻性内容为主或者出版周期超过一周,持有国内统一连续出版物号的其他散页连续出版物,也适用本规定。

第六十八条 本规定施行后,新闻出版署《报纸管理暂行规定》同时废止,此前新闻出版行政部门对报纸出版活动的其他规定,凡与本规定不一致的,以本规定为准。

第六十九条 本规定自二〇〇五年十二月一日起施行。

附 录

报纸期刊审读暂行办法

新闻出版总署关于印发《报纸期刊审读暂行办法》的通知

新出报刊〔2009〕126号

各省、自治区、直辖市新闻出版局，新疆生产建设兵团新闻出版局，解放军总政治部宣传部新闻出版局，中央和国家机关各部委、各民主党派、各人民团体报刊管理部门：

  为贯彻落实《中央宣传部、新闻出版总署关于进一步加强和改进报刊出版管理工作的意见》，切实开展报刊审读工作，现将《报纸期刊审读暂行办法》印发给你们，自印发之日起执行。

二〇〇九年二月九日

  第一条 为履行报刊出版管理职责，切实加强报刊出版管理，维护报刊出版秩序，提高报刊出版质量，促进我国报刊业健康繁荣发展，依据《出版管理条例》、《报纸出版管理规定》、《期刊出版管理规定》的有关规定制定本办法。

  第二条 报刊审读是新闻出版行政部门和报刊主管单位在报刊

出版后组织有关人员,依法对报刊出版质量进行的审阅和评定,是报刊出版事后管理的重要制度。

第三条 凡经新闻出版总署批准,持有"国内统一连续出版物号",领取《报纸出版许可证》和《期刊出版许可证》的报刊,应列入审读范围。

第四条 报刊审读工作坚持以马克思列宁主义、毛泽东思想、邓小平理论和"三个代表"重要思想为指导,深入贯彻落实科学发展观,坚持党的领导,坚持正确的舆论导向和出版方向,坚持把社会效益放在首位,督促报刊出版单位严格遵守国家有关法律法规,努力传播社会主义核心价值观,传播和积累有益于提高民族素质、经济发展和社会进步的科学技术和文化知识,弘扬中华民族优秀文化,丰富人民群众的精神文化生活,努力为推动社会主义经济建设、政治建设、文化建设、社会建设以及生态文明建设作出积极贡献。

报刊审读工作坚持实事求是、依法行政的原则,努力保障审读结论客观、公正。

第五条 新闻出版总署负责全国报刊审读工作,承担协调、指导省级新闻出版行政部门,以及中央部门报刊主管单位组织开展审读工作;负责研究、汇总各地新闻出版行政部门,以及中央部门报刊主管单位提交的审读报告;研究处理审读中发现的有关问题;提出加强和改进审读工作的意见;负责向中央和国务院报告审读工作发现的重大问题;根据需要调阅报刊出版单位阅评报告;整理编发报刊审读有关通报材料。

第六条 地方各级新闻出版行政部门负责本行政区域内的报刊审读工作,负责协调、指导下级新闻出版行政部门和报刊主管单位对报刊进行审读;研究、汇总下级新闻出版行政部门和报刊主管单位提交的审读报告；研究处理审读中发现的问题；负责向上级新闻出版行政部门报送审读报告；根据需要调阅当地报刊出版单位的阅评报告；整理和编发报刊审读的有关简报材料。

地方新闻出版行政部门报送的审读报告应包括：对本行政区域内报刊组织开展审读的基本情况，审读动态和舆情分析，审读中发现的主要问题及其处理情况，报刊主管主办单位和出版单位对存在问题的整改情况。

第七条　中央部门报刊主管单位负责对其主管报刊进行审读，并向新闻出版总署提交审读报告。地方报刊主管单位负责对其主管报刊进行审读，向所在地新闻出版行政部门提交审读报告。主管单位提交的审读报告应包括：对其主管的报刊组织开展审读工作的基本情况，审读中发现的主要问题及处理情况，对新闻出版行政部门认定的违规问题进行处理和整改的情况。

第八条　报刊出版单位在实施三审制度的同时，建立并实行报刊阅评制度，定期写出阅评报告，指导本单位出版工作，供新闻出版行政部门根据管理工作需要调阅和检查。阅评报告的形式由报刊出版单位自行决定。

第九条　报刊审读包括以下各项：

（一）是否刊载《出版管理条例》和其他法律、法规以及国家规定的禁止内容；

（二）新闻报道是否坚持真实、全面、客观、公正的原则，是否刊载虚假、失实报道；发表或摘转涉及国家重大政策、军事、民族、宗教、外交、保密等内容是否符合有关规定；

（三）刊载涉及重大革命和重大历史题材的内容，是否按规定履行重大选题备案程序，办理有关审批手续；

（四）报道涉及灾情疫情、交通事故、安全生产、刑事案件、

社会稳定等重大、敏感和突发事件,是否符合有关规定;

（五）是否刊载有悖于社会主义道德风尚,格调低下的文章,是否含有色情淫秽、凶杀暴力、迷信愚昧等有害内容;

（六）转载、摘编社会自由来稿和互联网信息,是否符合有关规定,是否按规定对其内容进行核实,并标明下载文件网址、下载日期等;是否转载、摘编内部发行出版物的内容;

（七）刊登广告是否符合国家有关法律法规,是否刊载虚假违法、内容低俗的广告;报纸刊登广告是否在明显位置注明"广告"字样,是否违反规定以新闻报道形式刊登广告;

（八）报刊标示的版本记录是否符合规定,专版、专刊、增刊的内容是否与报刊宗旨、业务范围一致;

（九）出版质量是否符合报刊质量管理的有关要求,出版形式是否符合报刊出版形式规范的有关要求;

（十）出版质量是否符合现行国家标准和行业标准,使用语言文字是否符合国家通用语言文字法的规定。

第十条 各级新闻出版行政部门和报刊主管单位应设立相应的审读机构,安排具有较高的马克思主义理论修养和政策水平,有强烈事业心和高度责任感,熟悉出版工作方针政策、相关法律法规,熟悉报刊编辑出版业务的专职、兼职及聘用人员承担报刊审读工作。

第十一条 各级新闻出版行政部门依据《出版管理条例》的规定,切实履行监管职责,落实报刊审读经费。

第十二条 各级新闻出版行政部门和报刊主管单位要切实加强对审读工作的领导,健全制度,明确职责,组织对审读人员的培训,指导审读人员的工作,增强审读工作的针对性和实效性,不断提高审读质量和水平。

第十三条　新闻出版行政部门组织开展审读工作,可以采取一般审读、重点审读、全面审读、专题审读、抽查审读、书面审读、跟踪审读和谈话交流等形式进行。审读工作应与年度核验、专项检查等日常管理工作相结合。

第十四条　报刊审读工作应充分利用现代技术手段,逐步建立报刊审读网络系统,完善审读信息的编发、审核、传递、发布、记录、存储等办法。

第十五条　新闻出版行政部门负责编发各种形式的报刊审读简报材料,及时向报刊主管主办单位和出版单位通报,必要时可要求报刊出版单位反馈核查、整改情况。

第十六条　新闻出版行政部门对审读中发现的问题,应及时予以认定,并依据相关规定做出处理。

第十七条　对审读中发现的易产生不良社会影响的重大内容问题,各地报刊主管主办单位要立即向当地新闻出版行政部门报告,省级新闻出版行政部门和中央部门报刊主管单位要立即向新闻出版总署报告,不报或迟报造成后果的,要按规定追究责任。

第十八条　对坚持开展审读工作,效果显著、成绩突出的下级新闻出版行政部门,报刊主管单位和报刊出版单位,新闻出版总署和地方新闻出版行政部门应予以表彰。

报刊刊载虚假、失实报道处理办法

新出报刊〔1999〕859号
关于发布《报刊刊载虚假、失实报道处理办法》的通知

中央、国务院各部委、各直属机构、各人民团体，解放军总政治部，各省、自治区、直辖市新闻出版局：

  为了维护出版秩序，保证报刊报道内容的真实、准确、公正，现制定《报刊刊载虚假、失实报道处理办法》，自发布之日起执行。

新闻出版署

一九九九年七月八日

  为了保证报刊新闻报道内容的真实、准确、公正，维护公民、法人或其他组织的合法权益，维护报刊的出版秩序，根据《出版管理条例》相关条款，对报刊刊载虚假、失实报道和纪实作品的处理作如下规定：

  一、报纸、期刊必须遵守新闻出版法规，刊载新闻报道和纪实作品必须真实、准确、公正。报刊不得刊载虚假、失实的报道和纪实作品。

  二、报纸、期刊刊载虚假、失实报道和纪实作品，有关出版单位应当在其出版的报纸、期刊上进行公开更正，消除影响；致使公民、法人或其他组织的合法权益受到侵害的，有关出版单位应当依法承担民事责任。

  三、报纸、期刊刊刊载虚假、失实报道和纪实作品，致使公

民、法人或其他组织的合法权益受到侵害的，当事人有权要求更正或者答辩，有关出版单位应当在其出版的报纸、期刊上予以发表；拒绝发表的，当事人可以向人民法院提起诉讼。

四、报纸、期刊因刊载虚假、失实报道和纪实作品而发表的更正或答辩，必须符合以下要求：

（一）凡公开更正的，应自虚假、失实报道和纪实作品发现之日起，在其最近出版的一期报纸、期刊的同等版位上发表；

（二）凡按当事人要求进行更正或发表答辩的，应自当事人提出要求之日起，在其最近出版的一期报纸、期刊的同等版位上，予以发表。

五、报纸、期刊转载虚假、失实报道和纪实作品，其更正和答辩，按照本办法第四条的规定办理。

六、报纸、期刊刊载虚假、失实报道和纪实作品，造成不良社会影响的，新闻出版署或者所在地省、自治区、直辖市新闻出版局可视情节轻重，对其采取下列行政措施：

（一）下达违规通知单；

（二）通报批评；

（三）责令限期更正或检讨。

七、报纸、期刊刊载虚假、失实报道和纪实作品致使国家和社会公共利益受到损害、造成严重社会影响的，新闻出版署或者所在地省、自治区、直辖市新闻出版局可视情节轻重，给予警告或10000元以下罚款的行政处罚。

八、报纸、期刊刊载虚假、失实报道和纪实作品被采取行政措施或受到行政处罚的，新闻出版署、所在地省、自治区、直辖市新闻出版局还可同时建议其主管部门、主办单位对违规报刊进行整顿，对有关责任人给予相应的行政处分。

九、本办法自发布之日起实施。

印刷业管理条例

中华人民共和国国务院令

第 676 号

现公布《国务院关于修改和废止部分行政法规的决定》,自公布之日起施行。

总理　李克强

2017 年 3 月 1 日

(2001 年 8 月 2 日国务院令第 315 号发布;根据 2016 年 2 月 6 日国务院令第 666 号《国务院关于修改部分行政法规的决定》、2017 年 3 月 1 日国务院令第 676 号《国务院关于修改和废止部分行政法规的决定》修订)

第一章　总　　则

第一条　为了加强印刷业管理,维护印刷业经营者的合法权益和社会公共利益，促进社会主义精神文明和物质文明建设，制定本条例。

第二条 本条例适用于出版物、包装装潢印刷品和其他印刷品的印刷经营活动。

本条例所称出版物，包括报纸、期刊、书籍、地图、年画、图片、挂历、画册及音像制品、电子出版物的装帧封面等。

本条例所称包装装潢印刷品，包括商标标识、广告宣传品及作为产品包装装潢的纸、金属、塑料等的印刷品。

本条例所称其他印刷品，包括文件、资料、图表、票证、证件、名片等。

本条例所称印刷经营活动，包括经营性的排版、制版、印刷、装订、复印、影印、打印等活动。

第三条 印刷业经营者必须遵守有关法律、法规和规章，讲求社会效益。

禁止印刷含有反动、淫秽、迷信内容和国家明令禁止印刷的其他内容的出版物、包装装潢印刷品和其他印刷品。

第四条 国务院出版行政部门主管全国的印刷业监督管理工作。县级以上地方各级人民政府负责出版管理的行政部门（以下简称出版行政部门）负责本行政区域内的印刷业监督管理工作。

县级以上各级人民政府公安部门、工商行政管理部门及其他有关部门在各自的职责范围内，负责有关的印刷业监督管理工作。

第五条 印刷业经营者应当建立、健全承印验证制度、承印登记制度、印刷品保管制度、印刷品交付制度、印刷活动残次品销毁制度等。具体办法由国务院出版行政部门制定。

印刷业经营者在印刷经营活动中发现违法犯罪行为，应当及时向公安部门或者出版行政部门报告。

第六条 印刷行业的社会团体按照其章程,在出版行政部门的指导下,实行自律管理。

第七条 印刷企业应当定期向出版行政部门报送年度报告。出版行政部门应当依法及时将年度报告中的有关内容向社会公示。

第二章 印刷企业的设立

第八条 国家实行印刷经营许可制度。未依照本条例规定取得印刷经营许可证的,任何单位和个人不得从事印刷经营活动。

第九条 企业从事印刷经营活动,应当具备下列条件:

(一) 有企业的名称、章程;

(二) 有确定的业务范围;

(三) 有适应业务范围需要的生产经营场所和必要的资金、设备等生产经营条件;

(四) 有适应业务范围需要的组织机构和人员;

(五) 有关法律、行政法规规定的其他条件。

审批从事印刷经营活动申请,除依照前款规定外,还应当符合国家有关印刷企业总量、结构和布局的规划。

第十条 设立从事出版物印刷经营活动的企业,应当向所在地省、自治区、直辖市人民政府出版行政部门提出申请。申请人经审核批准的,取得印刷经营许可证,并持印刷经营许可证向工商行政管理部门申请登记注册,取得营业执照。

企业申请从事包装装潢印刷品和其他印刷品印刷经营活动,应当持营业执照向所在地设区的市级人民政府出版行政部门提出申请,经审核批准的,发给印刷经营许可证。

个人不得从事出版物、包装装潢印刷品印刷经营活动;个人从事其他印刷品印刷经营活动的，依照本条第二款的规定办理审批手续。

第十一条 出版行政部门应当自收到依据本条例提出的申请之日起 60 日内作出批准或者不批准的决定。批准申请的，应当发给印刷经营许可证；不批准申请的，应当通知申请人并说明理由。

印刷经营许可证应当注明印刷企业所从事的印刷经营活动的种类。

印刷经营许可证不得出售、出租、出借或者以其他形式转让。

第十二条 印刷业经营者申请兼营或者变更从事出版物、包装装潢印刷品或者其他印刷品印刷经营活动，或者兼并其他印刷业经营者，或者因合并、分立而设立新的印刷业经营者，应当依照本条例第十条的规定办理手续。

印刷业经营者变更名称、法定代表人或者负责人、住所或者经营场所等主要登记事项，或者终止印刷经营活动，应当报原批准设立的出版行政部门备案。

第十三条 出版行政部门应当按照国家社会信用信息平台建设的总体要求，与公安部门、工商行政管理部门或者其他有关部门实现对印刷企业信息的互联共享。

第十四条 国家允许设立中外合资经营印刷企业、中外合作经营印刷企业，允许设立从事包装装潢印刷品印刷经营活动的外资企业。具体办法由国务院出版行政部门会同国务院对外经济贸易主管部门制定。

第十五条 单位内部设立印刷厂（所），必须向所在地县级以上地方人民政府出版行政部门办理登记手续；单位内部设立的印刷厂（所）印刷涉及国家秘密的印件的，还应当向保密工作部门办理登记手续。

单位内部设立的印刷厂（所）不得从事印刷经营活动；从事印刷经营活动的，必须依照本章的规定办理手续。

第三章 出版物的印刷

第十六条 国家鼓励从事出版物印刷经营活动的企业及时印刷体现国内外新的优秀文化成果的出版物，重视印刷传统文化精品和有价值的学术著作。

第十七条 从事出版物印刷经营活动的企业不得印刷国家明令禁止出版的出版物和非出版单位出版的出版物。

第十八条 印刷出版物的，委托印刷单位和印刷企业应当按照国家有关规定签订印刷合同。

第十九条 印刷企业接受出版单位委托印刷图书、期刊的，必须验证并收存出版单位盖章的印刷委托书，并在印刷前报出版单位所在地省、自治区、直辖市人民政府出版行政部门备案；印刷企业接受所在地省、自治区、直辖市以外的出版单位的委托印刷图书、期刊的，印刷委托书还必须事先报印刷企业所在地省、自治区、直辖市人民政府出版行政部门备案。印刷委托书由国务院出版行政部门规定统一格式，由省、自治区、直辖市人民政府出版行政部门统一印制。

印刷企业接受出版单位委托印刷报纸的，必须验证报纸出版许可证；接受出版单位的委托印刷报纸、期刊的增版、增刊的，还必须验证主管的出版行政部门批准出版增版、增刊的文件。

第二十条 印刷企业接受委托印刷内部资料性出版物的，必须验证县级以上地方人民政府出版行政部门核发的准印证。

印刷企业接受委托印刷宗教内容的内部资料性出版物的，必须验证省、自治区、直辖市人民政府宗教事务管理部门的批准文件和省、自治区、直辖市人民政府出版行政部门核发的准印证。

出版行政部门应当自收到印刷内部资料性出版物或者印刷宗教内容的内部资料性出版物的申请之日起 30 日内作出是否核发准印证的决定，并通知申请人；逾期不作出决定的，视为同意印刷。

第二十一条　印刷企业接受委托印刷境外的出版物的，必须持有关著作权的合法证明文件，经省、自治区、直辖市人民政府出版行政部门批准；印刷的境外出版物必须全部运输出境，不得在境内发行、散发。

第二十二条　委托印刷单位必须按照国家有关规定在委托印刷的出版物上刊载出版单位的名称、地址、书号、刊号或者版号，出版日期或者刊期，接受委托印刷出版物的企业的真实名称和地址，以及其他有关事项。

印刷企业应当自完成出版物的印刷之日起 2 年内，留存一份接受委托印刷的出版物样本备查。

第二十三条　印刷企业不得盗印出版物，不得销售、擅自加印或者接受第三人委托加印受委托印刷的出版物，不得将接受委托印刷的出版物纸型及印刷底片等出售、出租、出借或者以其他形式转让给其他单位或者个人。

第二十四条　印刷企业不得征订、销售出版物，不得假冒或者盗用他人名义印刷、销售出版物。

第四章　包装装潢印刷品的印刷

第二十五条　从事包装装潢印刷品印刷的企业不得印刷假冒、伪造的注册商标标识，不得印刷容易对消费者产生误导的广告宣传品和作为产品包装装潢的印刷品。

第二十六条　印刷企业接受委托印刷注册商标标识的，应当验证商标注册人所在地县级工商行政管理部门签章的《商标注册证》复印件，并核查委托人提供的注册商标图样；接受注册商标被许可使用人委托，印刷注册商标标识的，印刷企业还应当验证注册商标使用许可合同。印刷企业应当保存其验证、核查的工商行政管理部门签章的《商标注册证》复印件、注册商标图样、注册商标使用许可合同复印件2年，以备查验。

国家对注册商标标识的印刷另有规定的，印刷企业还应当遵守其规定。

第二十七条　印刷企业接受委托印刷广告宣传品、作为产品包装装潢的印刷品的，应当验证委托印刷单位的营业执照或者个人的居民身份证；接受广告经营者的委托印刷广告宣传品的，还应当验证广告经营资格证明。

第二十八条　印刷企业接受委托印刷包装装潢印刷品的，应当将印刷品的成品、半成品、废品和印板、纸型、底片、原稿等全部交付委托印刷单位或者个人，不得擅自留存。

第二十九条　印刷企业接受委托印刷境外包装装潢印刷品的，必须事先向所在地省、自治区、直辖市人民政府出版行政部门备案；印刷的包装装潢印刷品必须全部运输出境，不得在境内销售。

第五章　其他印刷品的印刷

第三十条　印刷标有密级的文件、资料、图表等，按照国家有关法律、法规或者规章的规定办理。

第三十一条　印刷布告、通告、重大活动工作证、通行证、在社会上流通使用的票证的，委托印刷单位必须向印刷企业出具主管部门的证明。印刷企业必须验证主管部门的证明，并保存主管部门的证明副本2年，以备查验；并且不得再委托他人印刷上述印刷品。

印刷机关、团体、部队、企业事业单位内部使用的有价票证或者无价票证，或者印刷有单位名称的介绍信、工作证、会员证、出入证、学位证书、学历证书或者其他学业证书等专用证件的，委托印刷单位必须出具委托印刷证明。印刷企业必须验证委托印刷证明。

印刷企业对前两款印件不得保留样本、样张；确因业务参考需要保留样本、样张的，应当征得委托印刷单位同意，在所保留印件上加盖"样本"、"样张"戳记，并妥善保管，不得丢失。

第三十二条　印刷企业接受委托印刷宗教用品的，必须验证省、自治区、直辖市人民政府宗教事务管理部门的批准文件和省、自治区、直辖市人民政府出版行政部门核发的准印证；省、自治区、直辖市人民政府出版行政部门应当自收到印刷宗教用品的申请之日起10日内作出是否核发准印证的决定，并通知申请人；逾期不作出决定的，视为同意印刷。

第三十三条　从事其他印刷品印刷经营活动的个人不得印刷标有密级的文件、资料、图表等，不得印刷布告、通告、重大活动工作证、通行证、在社会上流通使用的票证，不得印刷机关、团体、部队、企业事业单位内部使用的有价或者无价票证，不得印刷有单位名称的介绍信、工作证、会员证、出入证、学位证书、学历证书或者其他学业证书等专用证件，不得印刷宗教用品。

第三十四条　接受委托印刷境外其他印刷品的，必须事先向所在地省、自治区、直辖市人民政府出版行政部门备案；印刷的其他印刷品必须全部运输出境,不得在境内销售。

第三十五条 印刷企业和从事其他印刷品印刷经营活动的个人不得盗印他人的其他印刷品,不得销售、擅自加印或者接受第三人委托加印委托印刷的其他印刷品,不得将委托印刷的其他印刷品的纸型及印刷底片等出售、出租、出借或者以其他形式转让给其他单位或者个人。

第六章 罚 则

第三十六条 违反本条例规定,擅自设立从事出版物印刷经营活动的企业或者擅自从事印刷经营活动的,由出版行政部门、工商行政管理部门依据法定职权予以取缔,没收印刷品和违法所得以及进行违法活动的专用工具、设备,违法经营额1万元以上的,并处违法经营额5倍以上10倍以下的罚款;违法经营额不足1万元的,并处1万元以上5万元以下的罚款;构成犯罪的,依法追究刑事责任。

单位内部设立的印刷厂(所)未依照本条例第二章的规定办理手续,从事印刷经营活动的,依照前款的规定处罚。

第三十七条 印刷业经营者违反本条例规定,有下列行为之一的,由县级以上地方人民政府出版行政部门责令停止违法行为,责令停业整顿,没收印刷品和违法所得,违法经营额1万元以上的,并处违法经营额5倍以上10倍以下的罚款;违法经营额不足1万元的,并处1万元以上5万元以下的罚款;情节严重的,由原发证机关吊销许可证;构成犯罪的,依法追究刑事责任:

(一)未取得出版行政部门的许可,擅自兼营或者变更从事出版物、包装装潢印刷品或者其他印刷品印刷经营活动,或者擅自兼

并其他印刷业经营者的;

（二）因合并、分立而设立新的印刷业经营者，未依照本条例的规定办理手续的;

（三）出售、出租、出借或者以其他形式转让印刷经营许可证的。

第三十八条 印刷业经营者印刷明知或者应知含有本条例第三条规定禁止印刷内容的出版物、包装装潢印刷品或者其他印刷品的，或者印刷国家明令禁止出版的出版物或者非出版单位出版的出版物的，由县级以上地方人民政府出版行政部门、公安部门依据法定职权责令停业整顿，没收印刷品和违法所得，违法经营额1万元以上的，并处违法经营额5倍以上10倍以下的罚款;违法经营额不足1万元的，并处1万元以上5万元以下的罚款;情节严重的，由原发证机关吊销许可证;构成犯罪的，依法追究刑事责任。

第三十九条 印刷业经营者有下列行为之一的，由县级以上地方人民政府出版行政部门、公安部门依据法定职权责令改正，给予警告;情节严重的，责令停业整顿或者由原发证机关吊销许可证:

（一）没有建立承印验证制度、承印登记制度、印刷品保管制度、印刷品交付制度、印刷活动残次品销毁制度等的;

（二）在印刷经营活动中发现违法犯罪行为没有及时向公安部门或者出版行政部门报告的;

（三）变更名称、法定代表人或者负责人、住所或者经营场所等主要登记事项，或者终止印刷经营活动，不向原批准设立的出版行政部门备案的;

（四）未依照本条例的规定留存备查的材料的。

单位内部设立印刷厂（所）违反本条例的规定，没有向所在地县级以上地方人民政府出版行政部门、保密工作部门办理登记手续的，由县级以上地方人民政府出版行政部门、保密工作部门依据法定职权责令改正，给予警告；情节严重的，责令停业整顿。

第四十条　从事出版物印刷经营活动的企业有下列行为之一的，由县级以上地方人民政府出版行政部门给予警告，没收违法所得，违法经营额1万元以上的，并处违法经营额5倍以上10倍以下的罚款；违法经营额不足1万元的，并处1万元以上5万元以下的罚款；情节严重的，责令停业整顿或者由原发证机关吊销许可证；构成犯罪的，依法追究刑事责任：

（一）接受他人委托印刷出版物，未依照本条例的规定验证印刷委托书、有关证明或者准印证，或者未将印刷委托书报出版行政部门备案的；

（二）假冒或者盗用他人名义，印刷出版物的；

（三）盗印他人出版物的；

（四）非法加印或者销售受委托印刷的出版物的；

（五）征订、销售出版物的；

（六）擅自将出版单位委托印刷的出版物纸型及印刷底片等出售、出租、出借或者以其他形式转让的；

（七）未经批准，接受委托印刷境外出版物的，或者未将印刷的境外出版物全部运输出境的。

第四十一条　从事包装装潢印刷品印刷经营活动的企业有下列行为之一的，由县级以上地方人民政府出版行政部门给予警告，没收违法所得，违法经营额1万元以上的，并处违法经营额5倍以上10倍以下的罚款；违法经营额不足1万元的，并处1万元以上5万元以下的罚款；情节严重的，责令停业整顿或者由原发证机关吊销许可证；构成犯罪的，依法追究刑事责任：

（一）接受委托印刷注册商标标识，未依照本条例的规定验证、核查工商行政管理部门签章的《商标注册证》复印件、注册商标图样或者注册商标使用许可合同复印件的；

（二）接受委托印刷广告宣传品、作为产品包装装潢的印刷品，未依照本条例的规定验证委托印刷单位的营业执照或者个人的居民身份证的，或者接受广告经营者的委托印刷广告宣传品，未验证广告经营资格证明的；

（三）盗印他人包装装潢印刷品的；

（四）接受委托印刷境外包装装潢印刷品未依照本条例的规定向出版行政部门备案的，或者未将印刷的境外包装装潢印刷品全部运输出境的。

印刷企业接受委托印刷注册商标标识、广告宣传品，违反国家有关注册商标、广告印刷管理规定的，由工商行政管理部门给予警告，没收印刷品和违法所得，违法经营额 1 万元以上的，并处违法经营额 5 倍以上 10 倍以下的罚款；违法经营额不足 1 万元的，并处 1 万元以上 5 万元以下的罚款。

第四十二条 从事其他印刷品印刷经营活动的企业和个人有下列行为之一的，由县级以上地方人民政府出版行政部门给予警告，没收印刷品和违法所得，违法经营额 1 万元以上的，并处违法经营额 5 倍以上 10 倍以下的罚款；违法经营额不足 1 万元的，并处 1 万元以上 5 万元以下的罚款；情节严重的，责令停业整顿或者由原发证机关吊销许可证；构成犯罪的，依法追究刑事责任：

（一）接受委托印刷其他印刷品，未依照本条例的规定验证有关证明的；

（二）擅自将接受委托印刷的其他印刷品再委托他人印刷的；

（三）将委托印刷的其他印刷品的纸型及印刷底片出售、出租、出借或者以其他形式转让的；

（四）伪造、变造学位证书、学历证书等国家机关公文、证件或者企业事业单位、人民团体公文、证件的，或者盗印他人的其他印刷品的；

（五）非法加印或者销售委托印刷的其他印刷品的；

（六）接受委托印刷境外其他印刷品未依照本条例的规定向出版行政部门备案的，或者未将印刷的境外其他印刷品全部运输出境的；

（七）从事其他印刷品印刷经营活动的个人超范围经营的。

第四十三条 有下列行为之一的，由出版行政部门给予警告，没收印刷品和违法所得，违法经营额1万元以上的，并处违法经营额5倍以上10倍以下的罚款；违法经营额不足1万元的，并处1万元以上5万元以下的罚款；情节严重的，责令停业整顿或者吊销印刷经营许可证；构成犯罪的，依法追究刑事责任：

（一）印刷布告、通告、重大活动工作证、通行证、在社会上流通使用的票证，印刷企业没有验证主管部门的证明的，或者再委托他人印刷上述印刷品的；

（二）印刷业经营者伪造、变造学位证书、学历证书等国家机关公文、证件或者企业事业单位、人民团体公文、证件的。

印刷布告、通告、重大活动工作证、通行证、在社会上流通使用的票证，委托印刷单位没有取得主管部门证明的，由县级以上人民政府出版行政部门处以500元以上5000元以下的罚款。

第四十四条 印刷业经营者违反本条例规定，有下列行为之一的，由县级以上地方人民政府出版行政部门责令改正，给予警告；情节严重的，责令停业整顿或者由原发证机关吊销许可证：

（一）从事包装装潢印刷品印刷经营活动的企业擅自留存委托印刷的包装装潢印刷品的成品、半成品、废品和印板、纸型、印刷底片、原稿等的；

（二）从事其他印刷品印刷经营活动的企业和个人擅自保留其他印刷品的样本、样张的，或者在所保留的样本、样张上未加盖"样本"、"样张"戳记的。

第四十五条　印刷企业被处以吊销许可证行政处罚的，其法定代表人或者负责人自许可证被吊销之日起10年内不得担任印刷企业的法定代表人或者负责人。

从事其他印刷品印刷经营活动的个人被处以吊销许可证行政处罚的，自许可证被吊销之日起10年内不得从事印刷经营活动。

第四十六条　依照本条例的规定实施罚款的行政处罚，应当依照有关法律、行政法规的规定，实行罚款决定与罚款收缴分离；收缴的罚款必须全部上缴国库。

第四十七条　出版行政部门、工商行政管理部门或者其他有关部门违反本条例规定，擅自批准不符合法定条件的申请人取得许可证、批准文件，或者不履行监督职责，或者发现违法行为不予查处，造成严重后果的，对负责的主管人员和其他直接责任人员给予降级或者撤职的处分；构成犯罪的，依法追究刑事责任。

第七章　附　　则

第四十八条　本条例施行前已经依法设立的印刷企业，应当自本条例施行之日起180日内，到出版行政部门换领《印刷经营许可证》。

依据本条例发放许可证，除按照法定标准收取成本费外，不得收取其他任何费用。

第四十九条　本条例自公布之日起施行。1997年3月8日国务院发布的《印刷业管理条例》同时废止。

附 录

数字印刷管理办法

新闻出版总署关于印发《数字印刷管理办法》的通知
新出政法〔2011〕2号

各省、自治区、直辖市新闻出版局,新疆生产建设兵团新闻出版局,解放军总政治部宣传部新闻出版局:

  为规范我国数字印刷经营活动,促进数字印刷业健康发展,根据《印刷业管理条例》的有关规定,新闻出版总署制定了《数字印刷管理办法》,现予印发,请遵照执行。

新闻出版总署
二〇一一年一月十一日

第一章 总 则

  第一条 为规范数字印刷经营活动,促进数字印刷健康发展,根据《出版管理条例》、《印刷业管理条例》及相关法律法规,制定本办法。

  第二条 本办法适用于采用生产型数字印刷机从事出版物、包装装潢印刷品和其他印刷品印刷的经营活动(以下简称数字印刷经营活动)。

本办法所称生产型数字印刷机,是指具备较高的印刷速度,印刷质量稳定,能实现工业化连续、批量生产的数字印刷设备。

生产型数字印刷机应当配备数字工作流程;高速数字复合机类设备不属于生产型数字印刷机。

第三条 新闻出版总署负责全国数字印刷监督管理工作,县级以上地方新闻出版行政部门负责本行政区域内数字印刷监督管理工作。

县级以上地方新闻出版行政部门应当加强对本行政区域内从事数字印刷经营活动的企业(以下简称数字印刷经营企业)的引导和监督管理,加强对数字印刷经营者有关法律法规的培训。

第四条 国家支持、鼓励数字印刷经营企业采用新技术、开拓新模式、提供新服务。

数字印刷经营企业应当建立质量保证体系,印刷产品质量应当符合国家和行业标准。

第二章 企业设立

第五条 国家对数字印刷经营活动实行许可制度;未经许可,任何单位和个人不得从事数字印刷经营活动。

第六条 设立数字印刷企业,应当具备下列条件:

(一)有企业的名称、章程;

(二)有确定的业务范围;

(三)有适应业务范围需要的固定生产经营场所,建筑面积不少于50平方米;

(四)有能够维持正常生产经营的资金,注册资本不少于100

万元人民币；

（五）有 1 台以上生产型数字印刷机；

（六）有适应业务范围需要的组织机构和人员；

（七）有关法律、行政法规规定的其他条件。

审批设立数字印刷企业，除依照前款规定外，还应当符合国家有关印刷企业总量、结构和布局的规划。

第七条 设立数字印刷企业，应当向所在地省级新闻出版行政部门提出申请，并提交下列申请文件：

（一）申请书。载明申请单位的名称、地址，法定代表人或者主要负责人的姓名、住址，资金来源、数额，资本构成以及申请的主要事项。

（二）企业名称预先核准通知书和章程。

（三）法定验资机构出具的资金信用证明。

（四）可行性研究报告。

（五）经营场所和必备的生产条件证明。

（六）法定代表人或者主要负责人的身份证明和履历证明。

第八条 省级新闻出版行政部门应当自受理申请之日起 20 日内作出批准或者不批准的决定，并通知申请人。批准设立申请的，由省级新闻出版行政部门颁发《印刷经营许可证》，经营范围栏注明"以数字印刷方式从事出版物、包装装潢印刷品和其他印刷品的印刷"；不批准的，应当说明理由。

省级新闻出版行政部门应当自颁发《印刷经营许可证》之日起 20 日内将批准文件和《印刷经营许可证》（正、副本）复印件报新闻出版总署备案。

第九条 数字印刷经营活动可以采取连锁经营的形式。

数字印刷连锁经营企业在连锁经营总部（以下简称连锁总部）

的统一管理下开展数字印刷经营活动，实行规范化管理。

数字印刷连锁经营企业除应当符合本办法第六条的规定外，还应当符合直营连锁、特许连锁等连锁经营方式的管理要求。从事数字印刷连锁经营活动的企业，应当由5个以上连锁门店组成，连锁总部注册资本不少于500万元人民币。

第十条　设立数字印刷连锁经营企业，应当由连锁总部向所在地省级新闻出版行政部门提交本办法第七条规定的申请材料和连锁总部及连锁门店经营场所名单、运营计划。连锁总部获得许可后，各连锁门店持连锁总部的《印刷经营许可证》（副本）及总部的申请材料到所在地省级新闻出版行政部门备案，领取《印刷经营许可证》（正、副本），经营范围栏注明"以数字印刷连锁经营方式从事出版物、包装装潢印刷品和其他印刷品的印刷"。

第十一条　设立外商投资数字印刷企业的，除符合本办法规定外，中、外方投资比例和权益还应当符合《设立外商投资印刷企业暂行规定》以及补充规定的有关规定。

第十二条　现有从事出版物、包装装潢印刷品或者其他印刷品印刷经营活动的企业在原批准的经营范围内开展数字印刷经营活动的，免于办理数字印刷审批手续。

现有从事出版物、包装装潢印刷品或者其他印刷品印刷经营活动的企业超出原批准的经营范围开展数字印刷经营活动的，应当依照本办法第六条至第八条的规定到所在地省级新闻出版行政部门办理数字印刷审批手续。

第三章　经营活动管理

第十三条　数字印刷经营企业必须严格遵守国家有关法律法规，接受所在地新闻出版行政部门的日常监督管理。

数字印刷经营企业法定代表人或者主要负责人应当定期接受新闻出版行政部门组织的业务培训，并取得省级新闻出版行政部门颁发的《印刷法规培训合格证书》。

第十四条　数字印刷经营企业应当建立、健全承印委托、承印验证、承印登记、印刷品保管、印刷品交付、印刷活动残次品销毁等制度。

第十五条　数字印刷经营企业应当在经营场所醒目位置悬挂《印刷经营许可证》。

通过互联网从事印刷经营活动的，应当在网站首页显著位置公示《印刷经营许可证》。

第十六条　数字印刷经营企业接受委托印刷出版物的，应当按照《印刷业管理条例》有关规定，验证印刷委托书及其他法定文书。

第十七条　数字印刷经营企业接受委托印刷包装装潢印刷品和其他印刷品的，应当按照《印刷业管理条例》办理相关手续。

第十八条　数字印刷连锁经营企业建立了规范、统一的业务管理系统，并在连锁总部的统一组织下接受委托印刷出版物的，由接受委托的连锁总部或者连锁门店验证并留存相关印刷委托书和接受委托印刷的出版物样本备查，其他连锁门店免于办理相关手续。

第四章　法律责任

第十九条　未经批准，擅自从事数字印刷经营活动的，由公安部门、工商行政管理部门依据法定职权予以取缔。

第二十条　数字印刷经营企业违反有关规定的，根据《印刷业管理条例》依法给予行政处罚；情节严重的，由原发证机关吊销许可证；构成犯罪的，依法追究刑事责任。

第二十一条 数字印刷连锁经营企业的连锁总部应当对连锁门店日常经营活动加强管理。

连锁门店受到新闻出版行政部门罚款（含罚款）以上行政处罚的，行政处罚实施单位应当将处罚结果向连锁总部所在地省级新闻出版行政部门备案。

连锁门店一年内累计受到两次罚款（含罚款）以上的行政处罚的，连锁总部应当撤销该连锁门店或终止与该连锁门店的连锁经营关系，并依照《印刷业管理条例》违法行为"情节严重"的有关规定，由原发证机关吊销该连锁门店的《印刷经营许可证》。

一年内三分之一以上的连锁门店受到罚款（含罚款）以上行政处罚的，省级新闻出版行政部门应当责令连锁总部进行整改；若整改不通过，依照《印刷业管理条例》违法行为"情节严重"的有关规定，由原发证机关吊销连锁总部及全部连锁门店的《印刷经营许可证》。

第二十二条 本办法施行前已经从事数字印刷经营活动的企业，应当自本办法施行之日起180日内到省级新闻出版行政部门依照本办法办理相关手续。

第二十三条 本办法自2011年2月1日起施行。

内部资料性出版物管理办法

国家新闻出版广电总局令

第 2 号

《内部资料性出版物管理办法》已经 2014 年 12 月 19 日国家新闻出版广电总局局务会议通过,现予公布,自 2015 年 4 月 1 日起施行。

国家新闻出版广电总局局长
2015 年 2 月 10 日

第一章 总 则

第一条 为了规范内部资料性出版物的管理,根据《印刷业管理条例》和有关法律法规,制定本办法。

第二条 凡从事内部资料性出版物编印和发送活动,必须遵守本办法。

本办法所称内部资料性出版物(以下简称内部资料),是指在本行业、本系统、本单位内部,用于指导工作、交流信息的非卖性单本成册或连续性折页、散页印刷品,不包括机关公文性的简报等信息资料。

内部资料分为一次性内部资料和连续性内部资料。

第三条 对内部资料的编印,实行核发《内部资料性出版物准印证》(以下简称《准印证》)管理。未经批准取得《准印证》,任何单位和个人不得从事内部资料的编印活动。

第四条　编印内部资料,应当向所在地省、自治区、直辖市新闻出版行政部门提出申请,经审核批准,领取《准印证》后,方可从事编印活动。

第二章　准印证的核发

第五条　申请编印一次性内部资料,须符合以下条件:

(一) 申请方应为党政机关、企事业、社会团体等单位;

(二) 编印目的及发送范围符合本办法第二条的规定,编印内容与编印单位的性质和能力相一致;

(三) 稿件内容符合本办法第十三条的规定;

(四) 拟委托印刷的单位为出版物印刷企业。

第六条　申请编印一次性内部资料,应当提交申请书和稿件清样。

申请书应当载明一次性内部资料的名称、申请单位、编印目的、内容简介、印数、印张数、开本、发送对象、印刷单位等项目。

第七条　申请编印连续性内部资料,须符合以下条件:

(一) 申请方应为党政机关、企事业、社会团体等单位;

(二) 有确定的名称,名称应充分体现编印宗旨及地域、行业或单位特征;

(三) 有确定的编印目的和固定的发送对象,编印目的应限于与编印单位业务相一致的工作指导、信息交流;编印内容应与编印单位的性质和能力相一致;企业编印散页连续性内部资料,应主要用于指导本企业的生产经营、企业文化和精神文明建设;

(四) 有适应编印活动需要的人员;

(五) 有稳定的资金来源和固定的办公场所;

(六) 拟委托印刷的单位为出版物印刷企业。

第八条　编印连续性内部资料,应当提交下列材料:

（一）编印连续性内部资料的申请书，内容包括：连续性内部资料的名称、编印目的、栏目设置、印数、印制周期、开本、发送对象和经费来源等项目；

（二）编印单位资质证明材料；

（三）编印人员的基本情况及身份证明；

（四）拟承印单位的《印刷经营许可证》复印件。

第九条　具有下列情形之一的，不予核发内部资料《准印证》：

（一）不符合本办法第二条、第五条或第七条规定的审批条件的；

（二）广告印刷品、介绍推广本单位基本情况的宣传资料，或者仅含有历法信息及广告内容的挂历、台历、年历等无需申领《准印证》的一般印刷品；

（三）中小学教科书及教辅材料、地图、个人画册、个人文集等应由出版单位出版的作品。

第十条　省、自治区、直辖市新闻出版行政部门自受理申请之日起20日内作出审批决定。决定批准的，核发一次性内部资料或者连续性内部资料《准印证》；不予批准的，应当书面说明理由。

第十一条　《准印证》按一种内部资料一证的原则核发，其中对一次性内部资料，一次性使用有效；连续性内部资料的《准印证》有效期为1年，期满须重新核发。

《准印证》不得转让和出租出借，内部资料停办后《准印证》应及时交回发证部门。

第三章　监督管理

第十二条　内部资料的编印单位应当对所编印的内容和质量负责，并承担法律责任。

第十三条　内部资料不得含有下列内容：

（一）反对宪法确定的基本原则的；

（二）危害国家统一、主权和领土完整的；

（三）泄露国家秘密、危害国家安全或者损害国家荣誉和利益的；

（四）煽动民族仇恨、民族歧视，破坏民族团结，或者侵害少数民族风俗、习惯的；

（五）宣扬邪教、迷信的；

（六）扰乱社会秩序，破坏社会稳定的；

（七）宣扬淫秽、赌博、暴力或者教唆犯罪的；

（八）侮辱或者诽谤他人，侵害他人合法权益的；

（九）危害社会公德或者民族优秀文化传统的；

（十）法律、行政法规和国家规定禁止的其他内容的。

第十四条 内部资料必须在封面完整印刷标注《准印证》编号和"内部资料，免费交流"字样，并在明显位置（封面、封底或版权页）标明编印单位、发送对象、印刷单位、印刷日期、印数等，连续性内部资料还须标明期号。

连续性内部资料不得使用"××报"、"××刊"或"××杂志"、"记者××"、"期刊社"、"杂志社"、"刊号"等字样，不得在内文中以"本报"、"本刊"自称。

第十五条 编印内部资料，应严格遵守以下规定：

（一）按照批准的名称、开本（开版）、周期印制，不得用《准印证》印制其他内容，一次性内部资料不得一证多期，连续性内部资料不得一期多版；

（二）严格限定在本行业、本系统、本单位内部交流，不得标价、销售或征订发行，不得在公共场所摆放，不得向境外传播；不得将服务对象及社会公众作为发送对象，也不得以提供信息为名，将无隶属关系和指导关系的行业、企事业单位作为发送对象；

（三）不得以工本费、会员费、版面费、服务费等任何形式收取任何费用，不得刊登广告，不得搞经营性活动；编印单位不得利用登记、年检、办证、办照、评奖、验收、论证等工作之便向服务和管理对象摊派或变相摊派；

（四）不得将内部资料承包给其他组织和个人，不得与外单位以"协办"等其他形式进行编印和发送。

第十六条 内部资料必须在编印单位所在地省、自治区、直辖市内的出版物印刷企业印刷。

印刷企业接受委托印刷内部资料，须验证所在地新闻出版行政部门核发的《准印证》原件并收存《准印证》复印件；接受委托印刷宗教内容的内部资料，还须验证省、自治区、直辖市人民政府宗教事务管理部门的批准文件。

编印和承印单位必须严格按照《准印证》核准的项目印制，严禁擅自更改《准印证》核准项目。

《准印证》复印件须保存两年，以备查验。

第十七条 内部资料的印刷质量应符合印刷质量标准。

第十八条 内部资料的编印单位须在印刷完成后10日内向核发《准印证》的新闻出版行政部门送交样本。

第十九条 各级新闻出版行政部门负责本行政区域内部资料的日常监督管理工作。

内部资料实行审读制度和质量检查制度，新闻出版行政部门要配备必要的人员和经费对内部资料进行内容审读和质量监管。

第二十条 连续性内部资料编印单位的有关人员应按照省、自治区、直辖市新闻出版行政部门的要求，参加有关法规、业务培训。

第二十一条 连续性内部资料编印单位需要延续《准印证》有效期的，应当在《准印证》有效期届满30日前向省、自治区、直辖市新闻出版行政部门提出申请。

省、自治区、直辖市新闻出版行政部门负责审核连续性内部资料的内容、质量、是否符合许可条件以及遵守本办法各项规定情况等。审核通过的，重新核发《准印证》；审核未通过或者逾期一个月不办理延期申请的，原《准印证》自动失效，予以注销。

省、自治区、直辖市新闻出版行政部门应于每年3月底前，将本地区上一年度内部资料监督管理情况报告国家新闻出版广电总局。

第四章　法律责任

第二十二条　有下列行为之一的，由县级以上地方人民政府新闻出版行政部门责令改正、停止违法行为，根据情节轻重，给予警告，并处1千元以下的罚款；以营利为目的从事下列行为的，并处3万元以下罚款：

（一）未经批准擅自编印内部资料的；

（二）编印本办法第十三条规定禁止内容的内部资料的；

（三）违反本办法第十四条、第十五条规定，编印、发送内部资料的；

（四）委托非出版物印刷企业印刷内部资料或者未按照《准印证》核准的项目印制的；

（五）未按照本办法第十八条送交样本的；

（六）违反本办法其他规定的。

其中，有前款第（一）项至第（三）项违法行为的，对非法编印的内部资料予以没收，超越发送范围的责令收回。

未取得《准印证》，编印具有内部资料形式，但不符合内部资料内容或发送要求的印刷品，经鉴定为非法出版物的，按照《出版管理条例》第六十一条或第六十二条的规定处罚。

第二十三条　有下列情形的，由县级以上新闻出版行政部门依照《印刷业管理条例》的有关规定,责令停业整顿,没收内部资料和违法所得,违法经营额1万元以上的,并处违法经营额5倍以上10倍以下的罚款;违法经营额不足1万元的,并处1万元以上5万元以下的罚款;情节严重的,由原发证机关吊销许可证:

(一)印刷业经营者印刷明知或者应知含有本办法第十三条规定禁止内容的内部资料的;

(二)非出版物印刷企业印刷内部资料的。

第二十四条 出版物印刷企业未按本规定承印内部资料的,由县级以上新闻出版行政部门依照《印刷业管理条例》的有关规定,给予警告,没收违法所得,违法经营额1万元以上的,并处违法经营额5倍以上10倍以下的罚款;违法经营额不足1万元的,并处1万元以上5万元以下的罚款;情节严重的,责令停业整顿或者由原发证机关吊销许可证。

第五章 附 则

第二十五条 省、自治区、直辖市新闻出版行政部门可根据本地区内部资料管理的情况,对本办法规定的内部资料的审批条件和审批程序作出具体规定,也可以规定由副省级以下新闻出版行政部门承担部分审批职责。

第二十六条 各级各类学校学生自行编印仅面向本校发送的内部资料由该校校内有关主管部门负责审批和管理。

第二十七条 《准印证》由省、自治区、直辖市新闻出版行政部门按照新闻出版广电总局统一确定的格式制作。

第二十八条 本办法自2015年4月1日起施行。新闻出版署于1997年12月30日发布施行的《内部资料性出版物管理办法》同时废止,本办法施行前与本办法不一致的其他规定不再执行。